누구나
쉽고 재미있게

사고력 수학

노크

A6
(8~9세)

규칙

이 책을 보시는 부모님들께

머리가 좋아야 수학을 잘 한다는 말이 있습니다. 또, 수학을 잘 못하는 아이는 아빠, 엄마의 머리를 물려받아서 그렇다는 등의 난데없는 유전자 논쟁이 벌어지기도 합니다. 하지만 많은 사람들의 일반적인 생각과는 달리 이는 근거없는 이야기입니다. 외국의 한 연구 기관에서 언어, 사회, 수학, 과학의 네 가지 분야 중 어떤 것이 아동의 선천적 재능에 영향을 받는지 조사한 연구 결과를 발표했는데 일반적인 예상과는 다르게 선천적 재능에 영향을 받는 순서는 사회, 언어, 과학, 수학 순이었습니다. 다시 말해, 수학은 여러 학문 분야 중 선천적인 재능보다는 후천적인 환경이나 교육자, 학습자의 노력에 가장 큰 영향을 받는 학문이라 볼 수 있습니다. 수학의 가장 기본이 되는 '수 영역'의 예를 들어 보겠습니다. 아이들이 수를 처음 접하는 시기의 차이는 있지만 실제 수에 대한 감각과 수를 다루는 연습은 생활 속에서의 체험이나 다양한 활동, 학습 속에서 이루어집니다. 즉, 수학의 가장 기본이 되는 수는 선천적으로 가진 재능과는 거의 연관이 없으며 자라나면서 어떤 환경에 놓이는지, 얼마나 많이 수를 생각할 수 있는 기회가 있는지, 나이에 맞는 올바른 학습을 만날 수 있는지에 좌우됩니다. 그러므로 아이의 수학적 발달에 문제가 있다면, 그 아이가 누구를 닮아서 그런지, 지능이 떨어지는지를 따질 것이 아니라 수학적 힘을 기를 수 있는 학습 환경을 어떻게 만들어줄 것인가를 고민해야 합니다.

국제영재교육연구소의 랜즐리 소장은 영재의 기준을 마련하기 위해 여러 연구를 시행한 결과, 영재의 공통적인 특징들을 발견하였습니다. 첫째는 115 이상의 지능지수(IQ), 둘째는 창의력(Creativity), 셋째는 동기적 요소라고 부르는 끈질긴 근성과 과제집착력이었습니다. 이들 세 가지 요소 역시 선천적으로 타고 나는 부분도 물론 있겠지만 대부분 후천적인 학습이나 교육 활동을 통해 기를 수 있는 능력이라는 데에 이의를 제기하기는 힘듭니다.

이처럼 수학적 능력은 후천적 학습 환경에 주로 좌우되며, 특히 어린 시절에는 그러한 경향이 더더욱 두드러집니다. 하지만 우리의 아이들을 둘러싼 수학적 환경을 다시 한 번 돌아봅시다. 초등학교를 들어가기 전부터 과도한 학습량과 무의미한 반복 활동, 이후의 수학 학습에 오히려 방해가 될 정도로 무리한 선행 학습 등의 환경은 아이의 수학적 힘을 길러주기보다는 수학에서 가장 중요한 창의적 사고력을 기를 수 있는 기회를 박탈함과 동시에 수학에 대한 흥미를 급속하게 떨어뜨리게 하여 수학으로 문제를 해결하려는 의지, 즉 수학적 동기를 스스로에게 부여하는 것을 불가능하게 만들어 버립니다. 중요한 것은 남들보다 먼저, 그리고 더 많이 수학적 지식을 머리 속에 주입하는 것이 아니라 태어나서부터 누구나 가지고 있는 수학에 대한 관심, 그리고 수학으로 생각하는 힘을 일깨워주는 것입니다.

수학을 잘할 수 있는 힘,

수학적 잠재력은 이미 여러분 아이들의 머릿 속에 줄곧 있어왔습니다. 단지 어떤 아이는 그것을 찾아내어 드러낼 수 있었고, 어떤 아이는 꼭꼭 숨긴 채 평생 드러나지 않을 뿐입니다. 이러한 수학적 잠재력에 대한 참신한 자극 – 생각을 두드리는 '**노크**'를 제안하려 합니다. '**노크**'는 수학적 지식과 스킬만을 무리하게 밀어넣지 않습니다. 왜 수학을 해야 하고, 어떻게 수학으로 가능한지 끊임없이 스스로 생각하게하는 계기로서의 활동이 되려 합니다. 일상으로부터 괴리된 학문으로서의 수학이 아닌, 삶을 살아가며 반드시 키워야 할 논리적, 합리적 사고력을 기를 수 있는 누구에게나 가장 중요한 경쟁력으로서의 수학을 주장합니다. '**노크**'야말로 새로운 수학 학습의 길을 보여주는 방향타가 될 것입니다.

한 현 조

똑!똑! 사고력 수학
노크의 구성

시작 : 생각열기

사고력 수학 주제에 맞는 수학적 상황, 수학사, 생활 속 수학 이야기 등의 자유로운 형식으로 흥미를 유발하고, 수학적 사고를 자극하는 주제별 프롤로그

노크 포인트

문제 해결의 핵심적 원리를 '콕!' 집어서 간결하게 요약한 사고력 수학 주제별 포인트

전개 : 유형 탐구

사고력 수학의 대표 유형을 노크만의 새로운 방법으로 차근차근 한 단계씩 익히고 해결하는 단계적 유형 탐구와 이를 통해 익힌 방법적 원리를 적용, 확장하는 확인 문항

수학 요정들의 친절한 충고와 꼬마 요괴들의 밉살스럽지만 유용한 조언으로 어려운 발전 문항의 해결을 돕는 문제 해결 도우미 박스

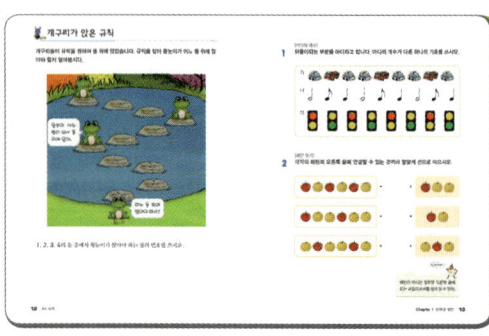

발전 : 창의적 문제해결력

3개의 사고력 수학 주제를 갈무리하는, 한 차원 높은 창의력과 복합적인 사고력을 요구하는 발전 문항의 끝판왕

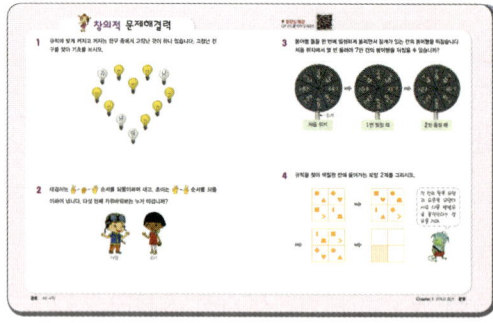

마무리 : 정답 및 해설

본문에 그대로 첨삭된 정답과 간략한 풀이 과정을 통한 사고력 수학 활동 피드백으로 마무리

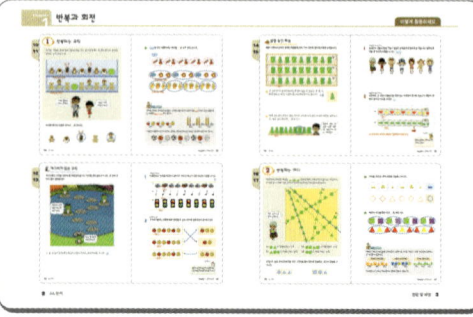

노크
캐릭터 소개

일단 저지르고 보는 거야!

난 궁금한 건 절대 못 참아.

침착하게 위기를 벗어나야 해.

생각으로 아주 멀리까지 날아가.

태경
활동파 리더

지오
호기심 공주

초이
조용한 전략가

아인
꼬마 천재

마법사 멀린과 수학 요정

마법사 멀린

노크랜드의 지식의 수호자. 지식을 파괴하려는 대마왕의 음모에 맞서 모험을 떠난 친구들의 든든한 조력자.

아르키메데스　　**페르마**　　**플라톤**

파스칼　　**피타고라스**　　**가우스**

유클리드　　**오일러**

대마왕과 꼬마 요괴

대마왕

노크랜드의 지식의 파괴자. 세계를 차지하기 위해 모든 지식을 없애버리려고 하는 요괴들의 두목.

딴소리　　**한입**　　**장난**

딴짓　　**멍하니**　　**잠만자**

울보　　**거꾸로**

이 책의 차례

CONTENTS

Chapter 1

반복과 회전

반복되는 규칙

초이는 아빠와 함께 놀이공원에 갔습니다. 놀이공원에는 장난감 총으로 인형을 맞히는 곳이 있습니다.

10번 쐈는데 2개만 맞혔어.

아빠가 맞힌 인형이 뭐지?

바닥에 떨어진 인형을 찾아서 ◯표 하시오.

⟳ 보기 와 같이 되풀이되는 부분을 ◯로 모두 묶어 보시오.

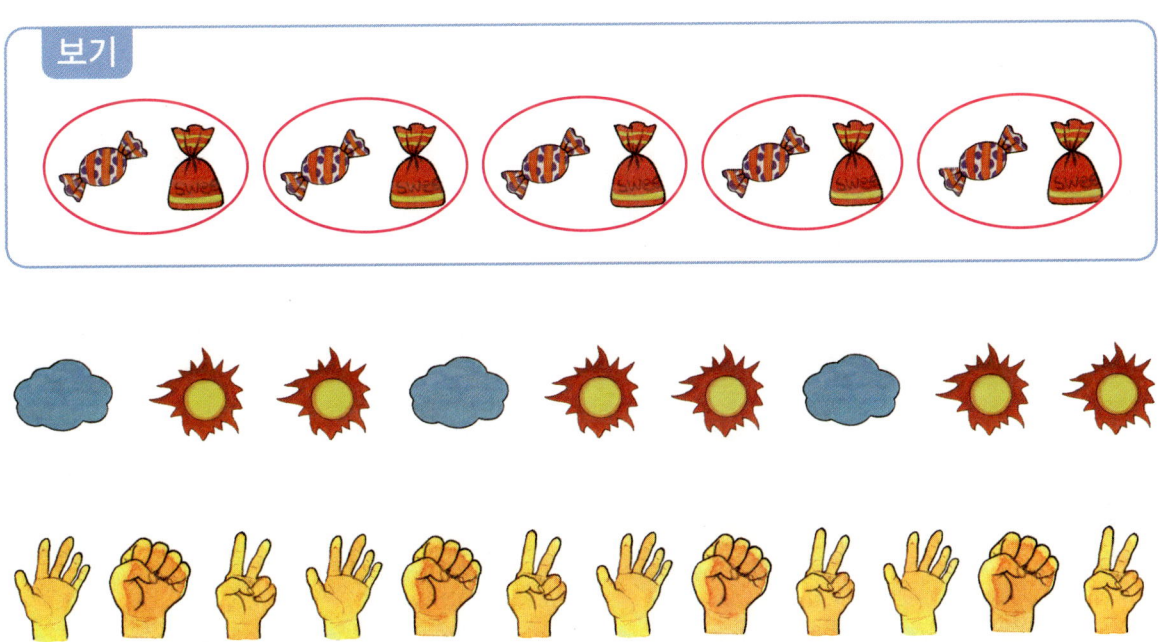

노크 포인트

규칙을 정하여 순서대로 늘어놓고, 이것을 되풀이하여 나타낸 것을 패턴이라고 하고, 되풀이되는 부분을 패턴의 마디라고 합니다.

다음에서 패턴의 마디가 축구공, 농구공, 배구공이므로 빈 곳에는 배구공이 들어가야 합니다.

개구리가 앉은 규칙

개구리들이 규칙을 정하여 돌 위에 앉았습니다. 규칙을 찾아 왕눈이가 어느 돌 위에 앉아야 할지 알아봅시다.

1, 2, 3, 4의 돌 중에서 왕눈이가 앉아야 하는 돌의 번호를 쓰시오.

[마디의 개수]

1 되풀이되는 부분을 마디라고 합니다. 마디의 개수가 다른 하나의 기호를 쓰시오.

[패턴 잇기]

2 각각의 패턴의 오른쪽 끝에 연결할 수 있는 것끼리 알맞게 선으로 이으시오.

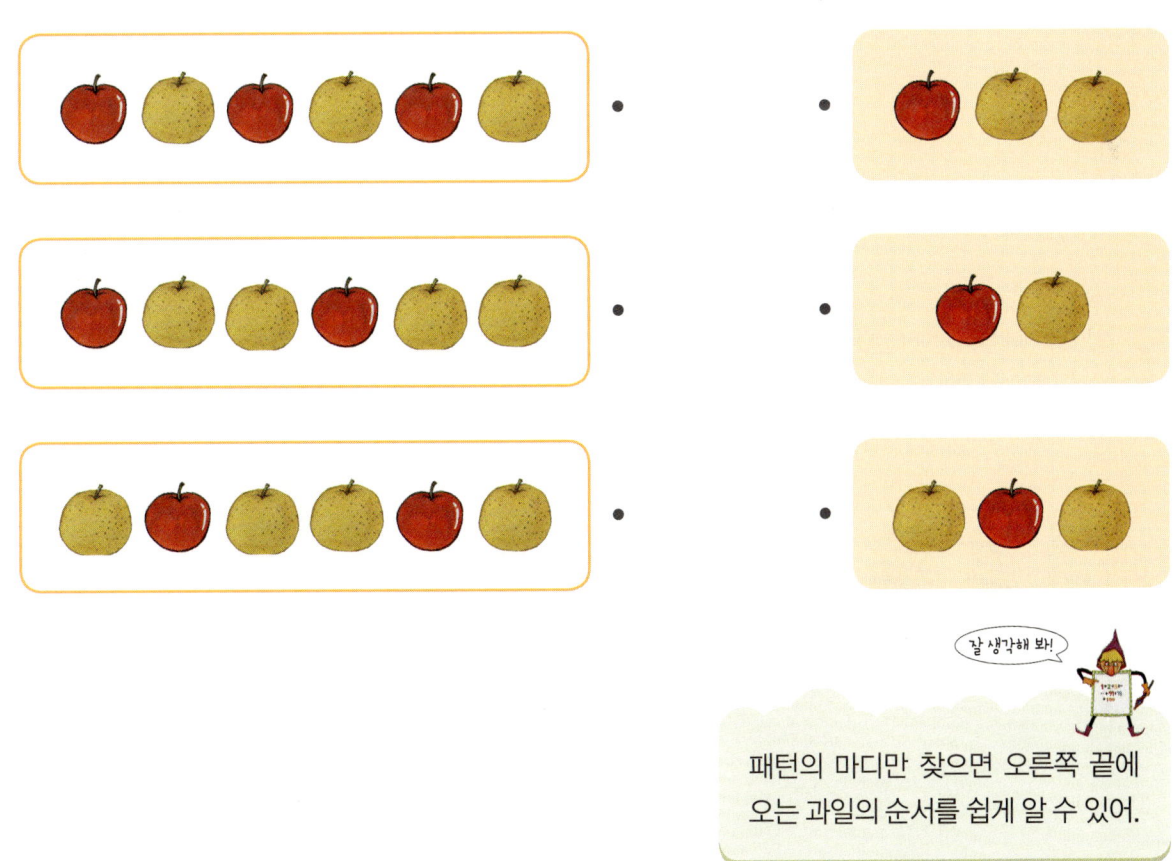

패턴의 마디만 찾으면 오른쪽 끝에 오는 과일의 순서를 쉽게 알 수 있어.

잘못 놓인 화분

화분 가게에서 선반의 층마다 화분들을 여러 가지 규칙을 정하여 진열해 놓았습니다.

1 위 선반의 각 층마다 화분을 **9**개씩 놓을 수 있다고 할 때, 오른쪽 화분은 몇 층 선반의 맨 오른쪽에 놓아야 합니까?

2 아래 선반에서 화분이 팔린 자리에 규칙에 맞지 않은 모양의 화분을 놓았습니다. 새로 놓은 화분에 ◯표 하시오.

화분이 팔린 자리에 다른 화분을 놓았는데 어느 자리였지?

[잘못된 동작 찾기]

1 태경이네 모둠의 학생 7명이 일정한 규칙에 맞게 동작을 한 것입니다. 잘못된 동작을 한 학생의 이름을 쓰시오.

아인   초이   영철   태경   희정   지오   수현

[잘못된 패턴 찾기]

2 마트에서 칸 모양이 패턴으로 되어 있는 두루마리 휴지를 샀습니다. 패턴이 잘못된 휴지의 기호를 쓰시오.

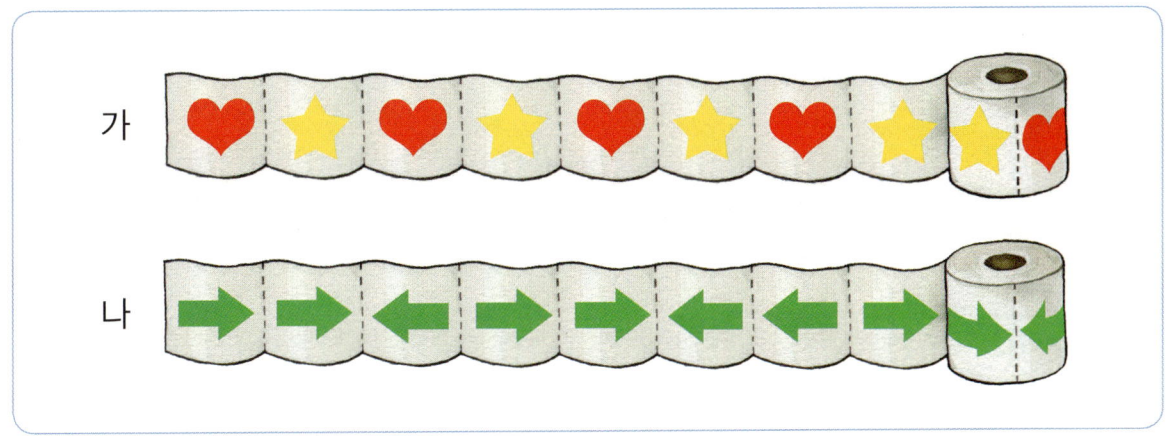

패턴이 잘못된 두루마리 휴지가 안 보여?

반복되는 마디

아인이 방의 한쪽 벽에는 ▲, ■, ● 모양의 벽지가 붙여져 있습니다. 아인이는 규칙을 찾기 위해 선을 그어서 모양이 반복되는 마디를 찾았습니다.

선을 그으니 규칙이 보이는군.

아인

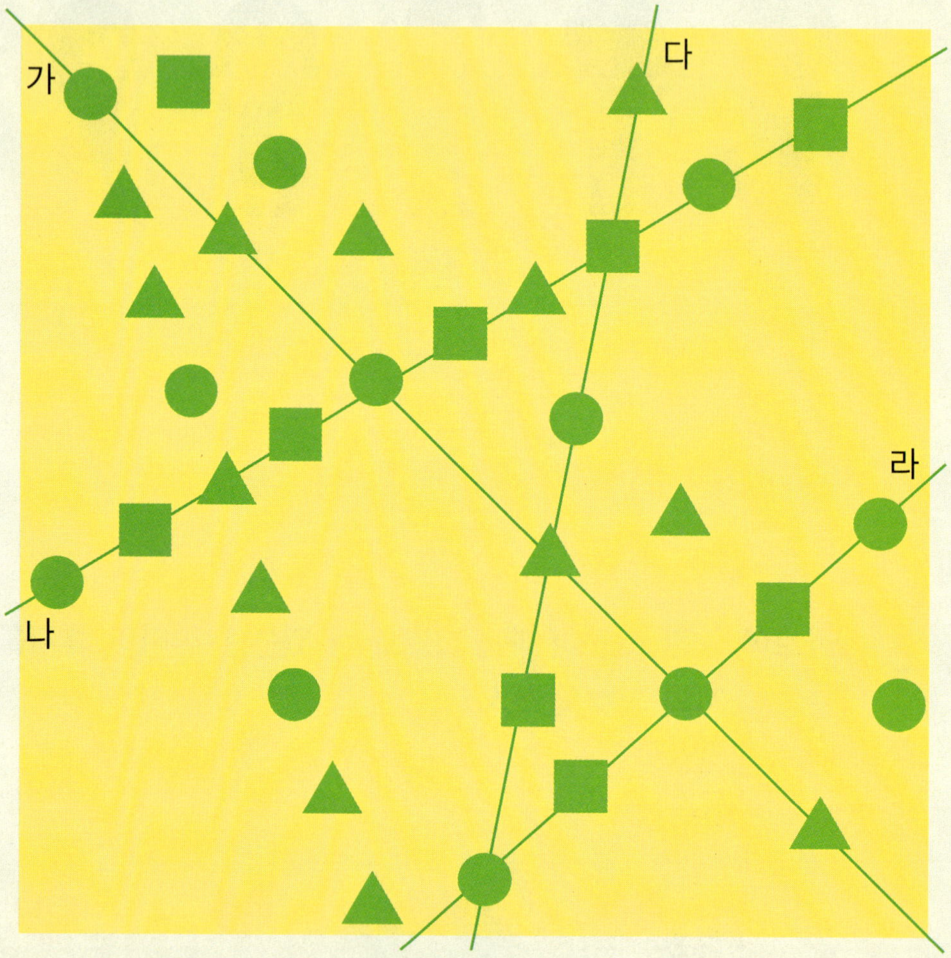

가: ● ▲ 가 되풀이되는 규칙   나: ● ■ ▲ ■ 가 되풀이되는 규칙

다: ▲ ■ ● 가 되풀이되는 규칙   라: ● ■ 가 되풀이되는 규칙

아인이가 찾은 규칙 외에 다른 규칙 2가지를 찾아 선으로 연결하고, 마디의 모양을 그리시오.

규칙을 찾아 빈 곳에 알맞은 모양을 그리시오.

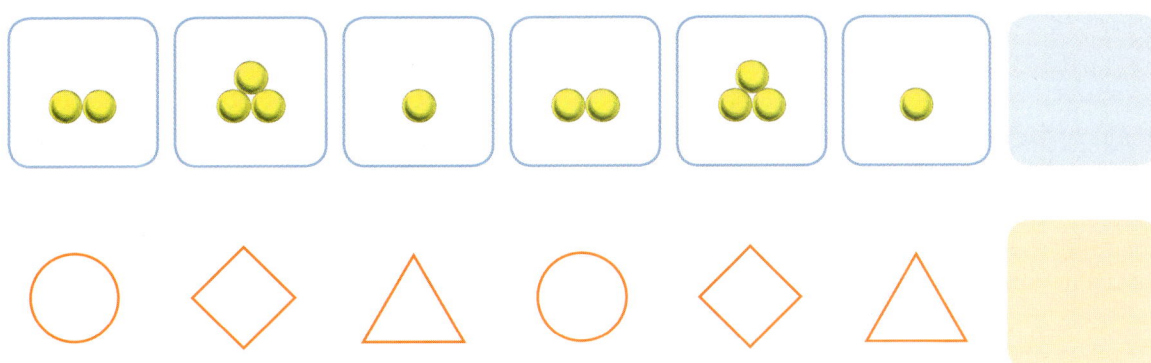

패턴의 마디를 찾아 모두 ◯로 묶으시오.

노크 포인트

패턴은 그림이나 물건 등을 규칙적으로 나열하기도 하지만 모양이나 색깔, 개수 등을 이용해서도 나타낼 수 있습니다.

이외에도 크기, 무늬, 위치 등으로 패턴을 만들 수 있습니다.

바둑돌 놓기

지오, 태경, 초이가 흰색 바둑돌 2개와 검은색 바둑돌 1개를 패턴의 마디로 하여 여러 가지 패턴을 만듭니다.

① 다음은 지오가 만든 패턴입니다. 패턴에 맞게 이어서 바둑돌 5개를 그리시오.

② 다음은 태경이가 만든 패턴입니다. 패턴에 맞게 중간에 들어갈 바둑돌 5개를 그리시오.

③ 초이는 지오와 태경이가 만든 패턴과는 다른 패턴을 만들었습니다. 검은색 바둑돌인 것을 더 찾은 다음 모두 색칠하여 초이의 패턴을 완성하시오.

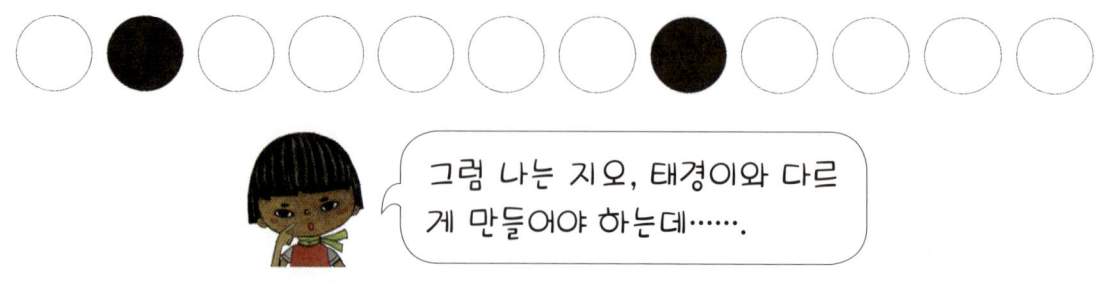

1 패턴에 맞게 빈 곳에 들어갈 것을 찾아 기호를 쓰시오.

[개구리의 표정]

2 패턴에 맞게 마지막 개구리의 눈을 그리시오.

이것도 몰라!

너무 쉽잖아. 딱 봐도 일정한 패턴이 있네!
→ ← → ← ← → ↑ ↑

이상한 양계장

패턴에 맞게 길을 따라가야만 들어갈 수 있는 양계장이 있습니다.

① 주인 아저씨가 말하는 순서에 맞게 출발점에서 도착점까지 가는 길을 가로, 세로 방향으로 이어 보시오.

② 양계장을 나오려면 아래의 미로를 한 번 더 풀어야 합니다. 미로를 해결해 보시오.

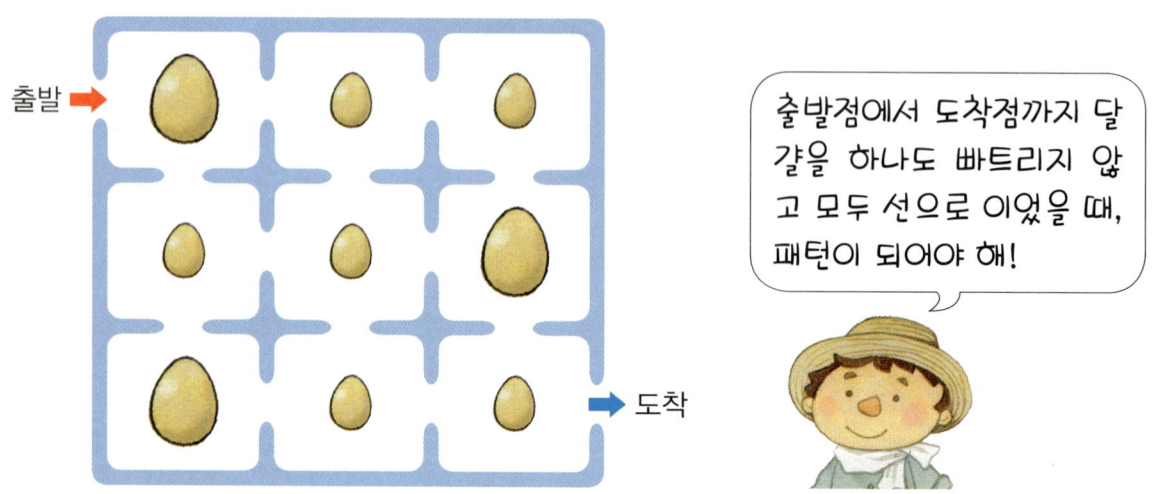

1 왼쪽의 뼈다귀 순서를 패턴의 마디로 하여 강아지가 집까지 가는 패턴을 선으로
이으시오.

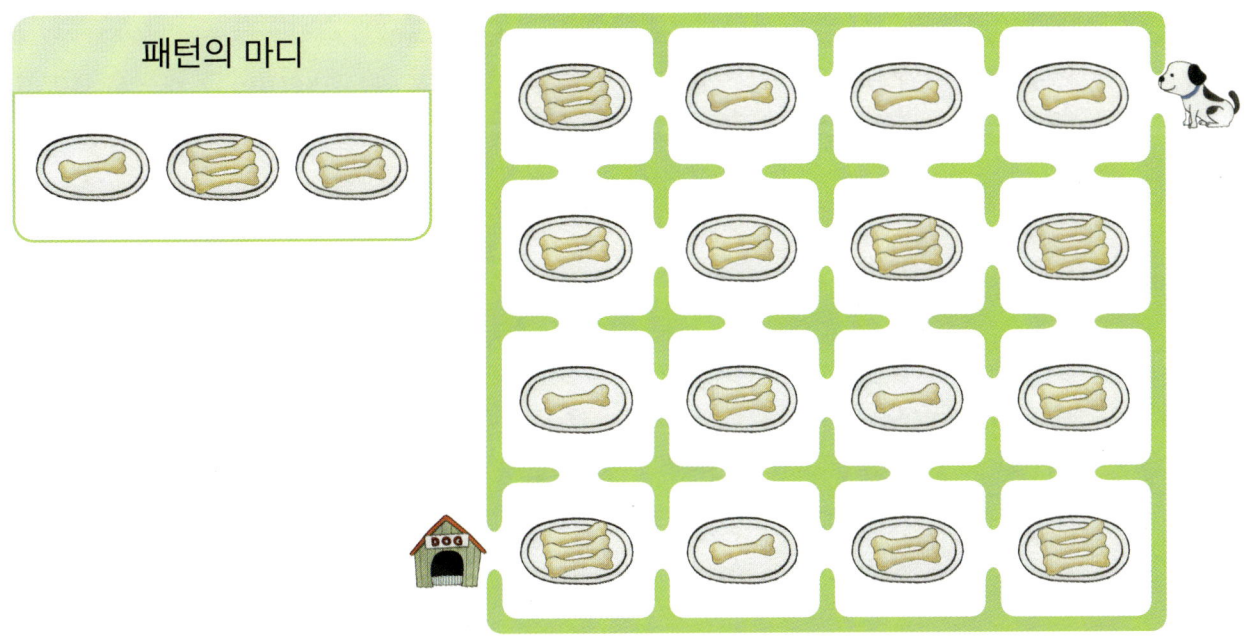

[패턴 미로의 마디]

2 출발점에서 도착점까지 가장 빠른 방법으로 미로를 통과하는 길을 그리시오. 이
때, 선을 따라 가면 나오는 패턴의 마디를 그려 보시오.

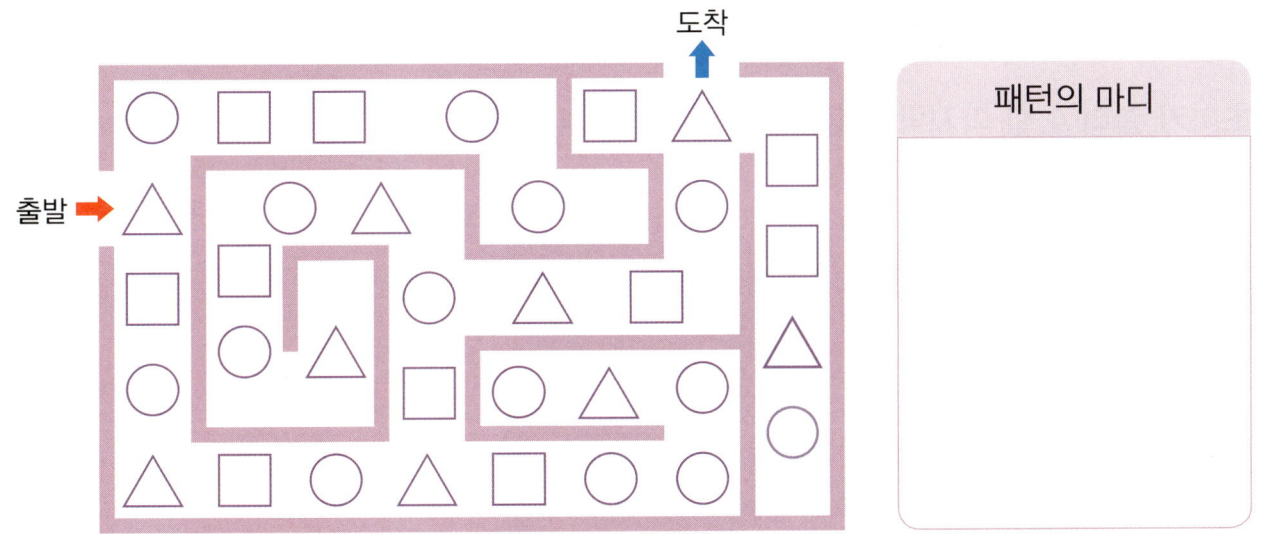

3 회전 규칙

초이 어머니는 집 현관에 새로운 도어록을 설치하고 집을 나섭니다.

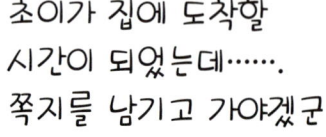

초이가 집에 도착할
시간이 되었는데…….
쪽지를 남기고 가야겠군.

도어록 비밀 번호는 7개 숫자야.
아래와 같이 숫자 6개를 차례로
누른 다음 마지막 7번째 숫자는
규칙을 찾아서 누르면 돼.

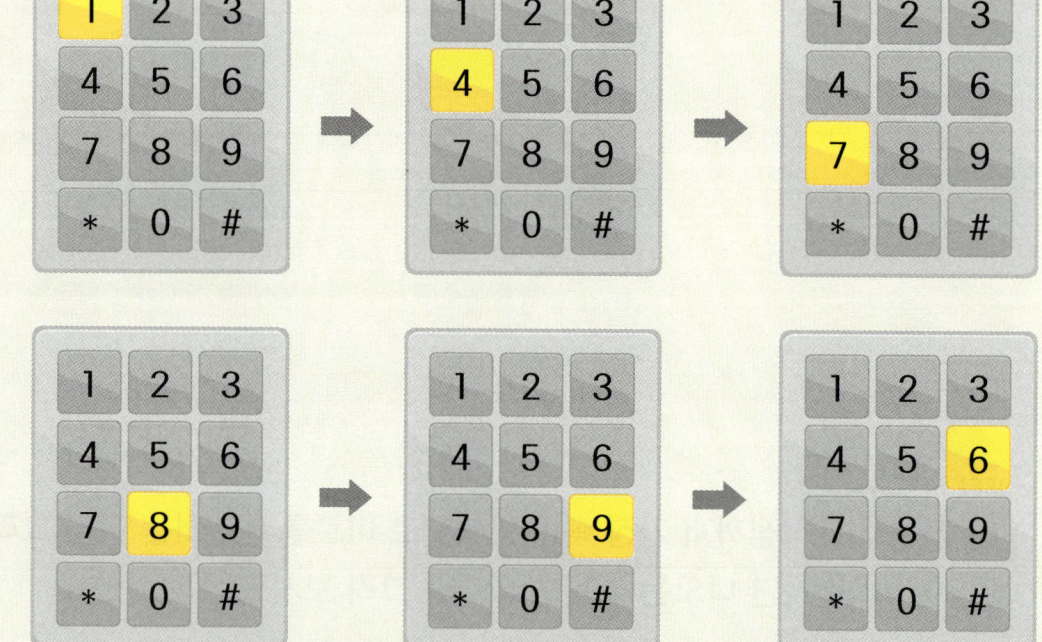

초이가 눌러야 할 마지막 7번째 숫자를 색칠하시오.

규칙을 찾아 빈 곳에 알맞게 색칠하거나 그려 넣으시오.

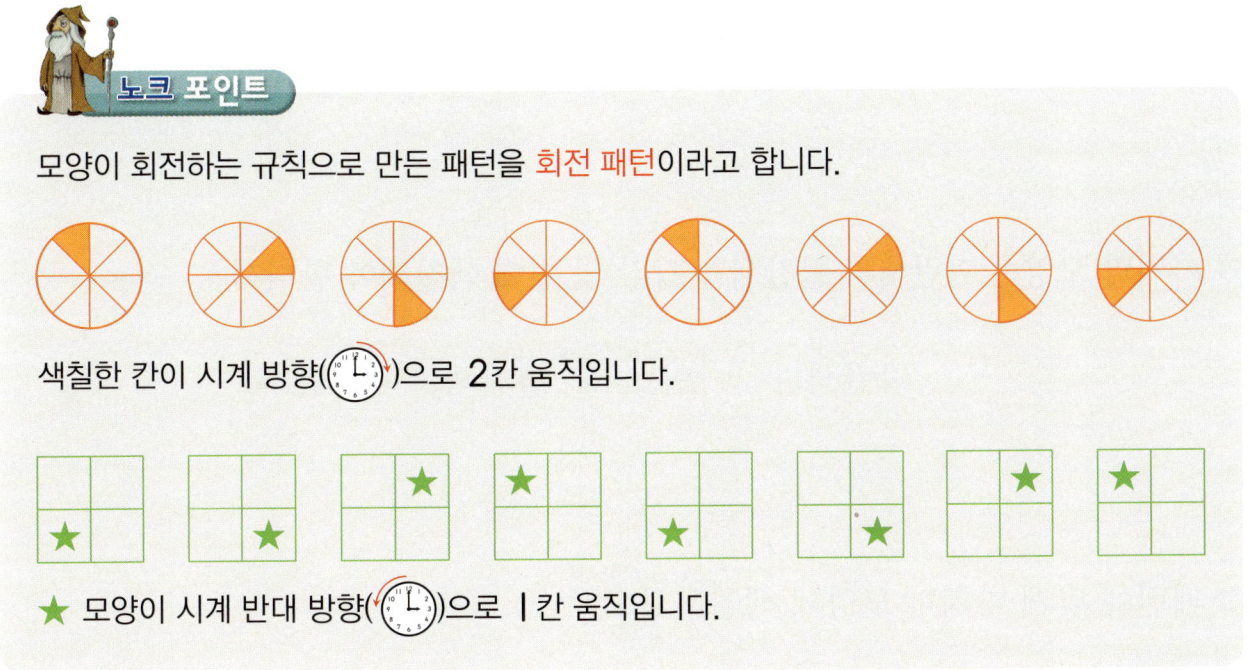

모양이 회전하는 규칙으로 만든 패턴을 **회전 패턴**이라고 합니다.

색칠한 칸이 시계 방향( )으로 **2칸** 움직입니다.

★ 모양이 시계 반대 방향( )으로 **1칸** 움직입니다.

숫자로 알아낸 위치

패턴의 규칙을 찾아 마지막 모양에 알맞게 색칠해 봅시다.

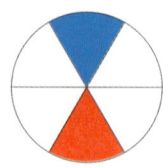 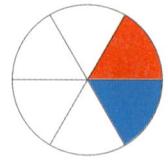 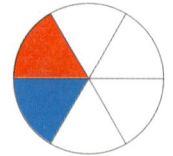 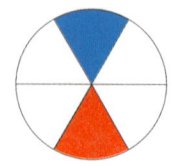 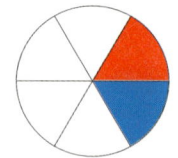 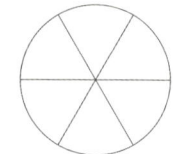

2가지 색깔이 빙글빙글 도니까 규칙을 못 찾겠어.

태경

아인

칸에다 숫자를 써넣으면 규칙이 쉽게 보일 거야.

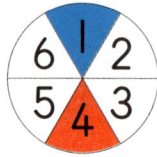 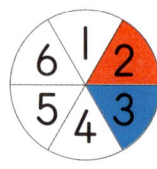 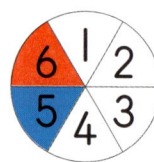 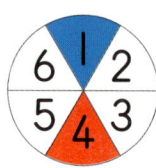 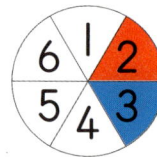 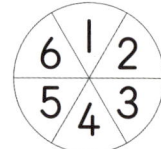

❶ 파란색과 빨간색 칸의 숫자를 차례대로 써 보시오.

파란색 칸: □─□─□─□─□

빨간색 칸: □─□─□─□─□

이제 규칙이 보여.

❷ 마지막 모양은 파란색과 빨간색을 각각 몇 번에 색칠해야 합니까?

파란색: □ 번   빨간색: □ 번

❸ 패턴에 맞게 마지막 모양에 색칠하시오.

1 다음 시각마다 시계의 알람이 울립니다. 마지막 시계의 알람이 울리는 시각을 그리시오.

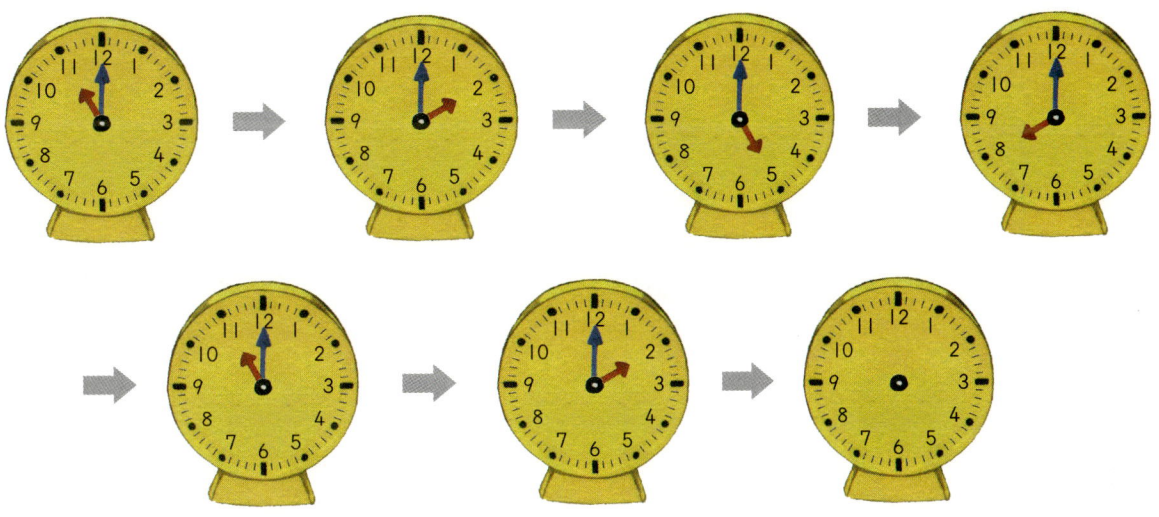

[행성의 위치]

2 어느 행성이 별 주위를 도는 위치를 한 달마다 나타낸 것입니다. 11월에 행성이 있는 위치와 같은 달을 찾아보시오.

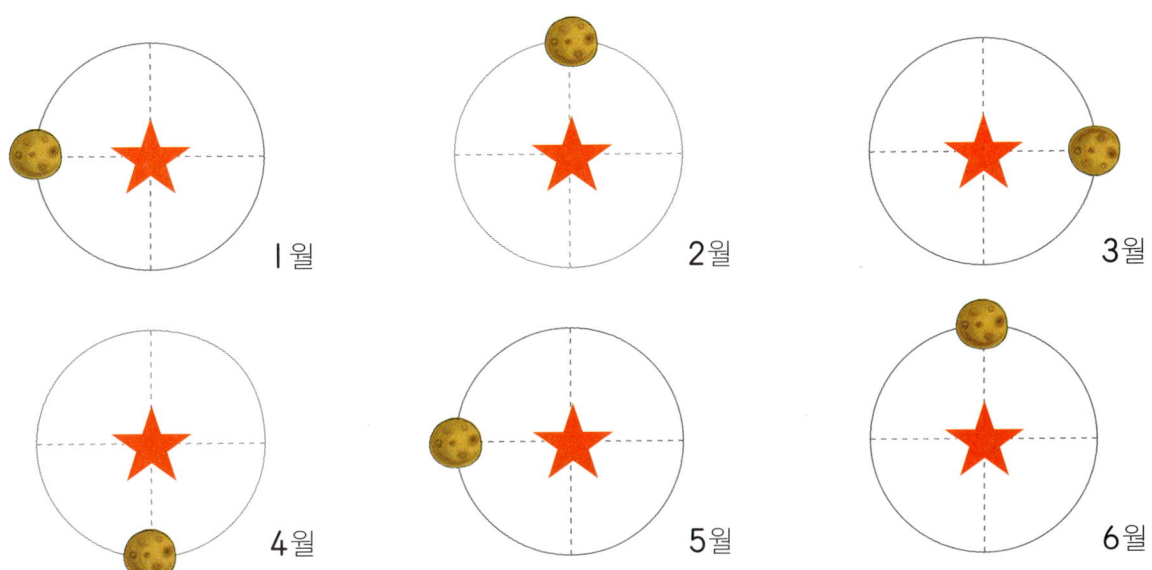

암호를 풀어라!

색칠한 칸이 다음과 같은 규칙으로 움직이고 있습니다.

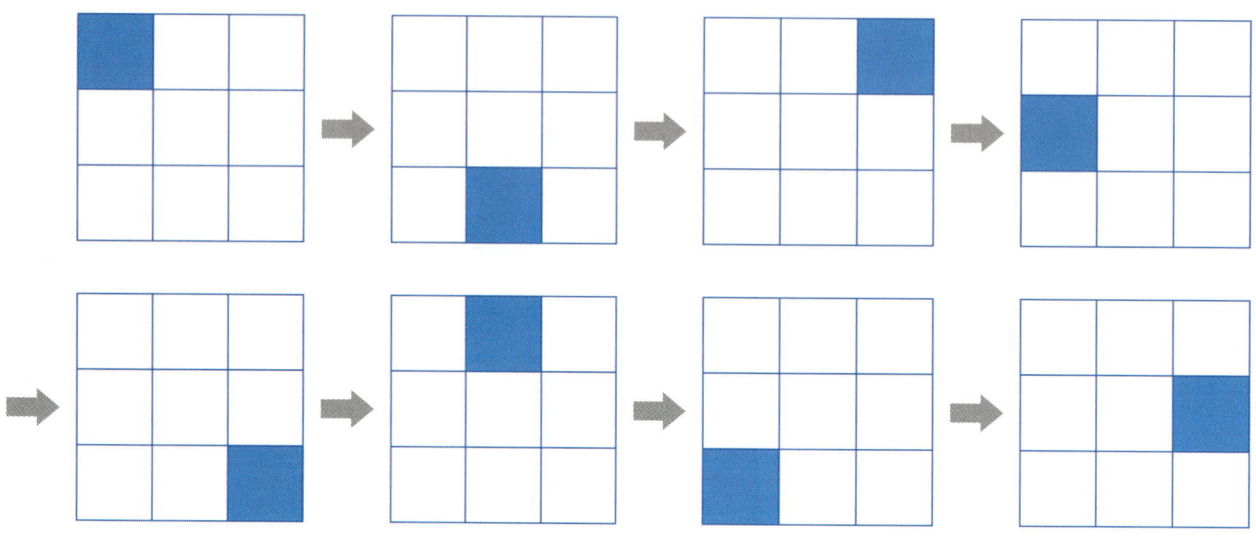

① 색칠한 칸이 움직이는 패턴의 규칙을 찾아 ☐ 안에 알맞은 수를 써넣으시오.

시계 반대 방향(⟲)은 시계의 바늘이 움직이는 방향과 반대쪽이지.

> 색칠한 칸은 시계 반대 방향으로
>
> ☐ 칸씩 움직입니다.

② 다음과 같은 암호판이 있습니다. 색칠한 칸이 위와 같은 규칙으로 움직일 때, 색칠한 칸의 글자 8개를 연속으로 써서 암호를 풀어 보시오.

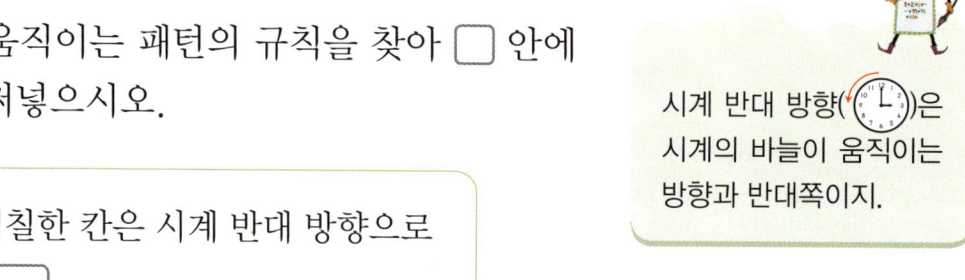

빙	턴	회
전		글
빙	글	패

1 두더지가 나오는 곳의 규칙을 찾아 마지막에 나오는 곳에 ◯표 하시오.

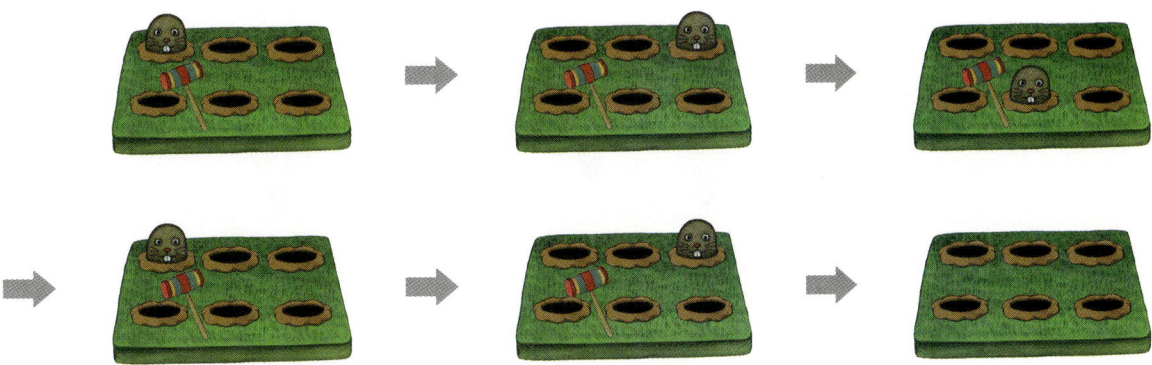

2 규칙을 찾아 마지막 모양을 완성하시오.

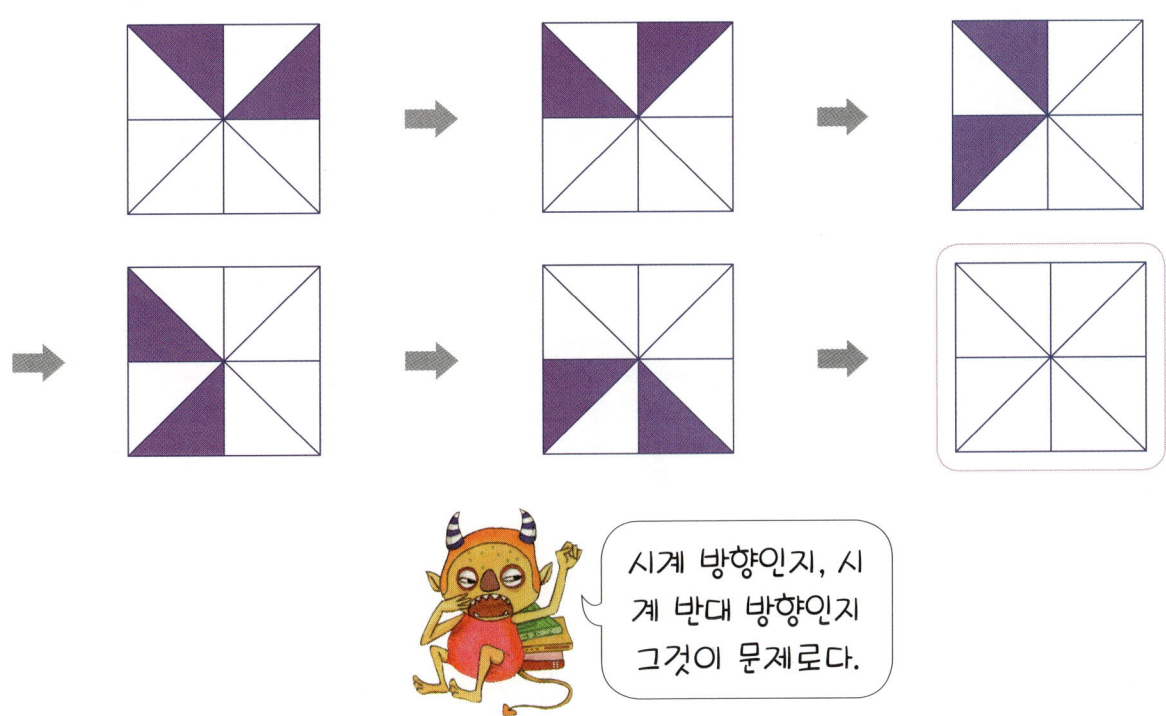

1 규칙에 맞게 켜지고 꺼지는 전구 중에서 고장난 것이 하나 있습니다. 고장난 전구를 찾아 기호를 쓰시오.

2 태경이는 ✌️–✊–🖐️ 순서를 되풀이하여 내고, 초이는 🖐️–✌️ 순서를 되풀이하여 냅니다. 다섯 번째 가위바위보는 누가 이깁니까?

태경   초이

3 붕어빵 틀을 한 번에 일정하게 돌리면서 집게가 있는 칸의 붕어빵을 뒤집습니다. 처음 위치에서 몇 번 돌려야 7번 칸의 붕어빵을 뒤집을 수 있습니까?

처음 위치 ← 집게

1번 돌릴 때

2번 돌릴 때

4 규칙을 찾아 색칠한 칸에 들어가는 모양 2개를 그리시오.

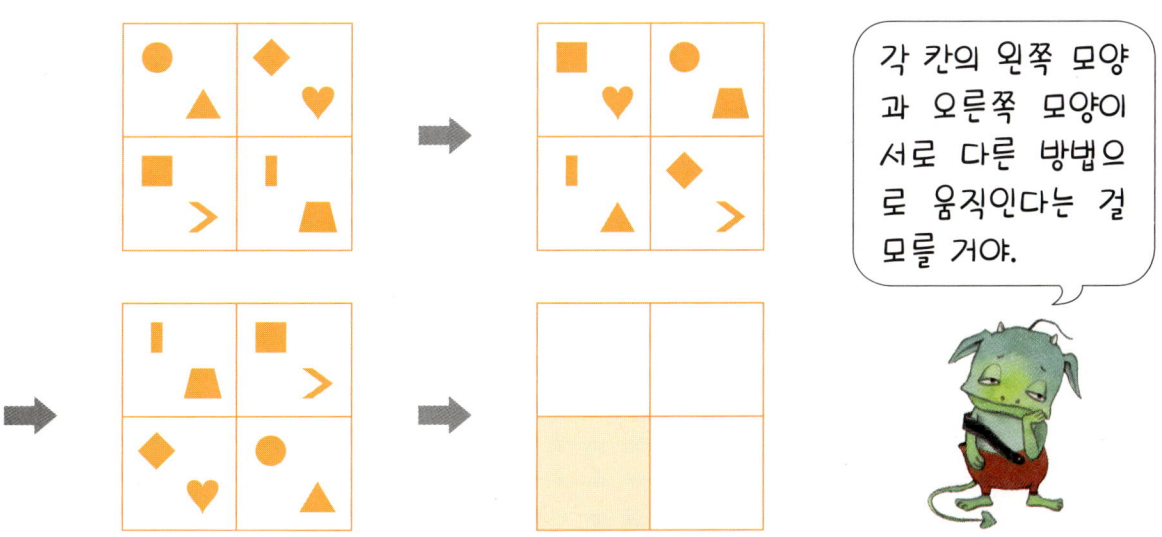

각 칸의 왼쪽 모양과 오른쪽 모양이 서로 다른 방법으로 움직인다는 걸 모를 거야.

Chapter 2

유비추론

관계 유비추론

아인이와 지오는 그림 카드를 관계가 서로 같은 것끼리 2장씩 짝지어 보려고 합니다.

> 기차는 기찻길 위를 달리고 자동차는 도로 위를 달려.

아인

> 병아리는 자라서 닭이 되고 올챙이는 자라서 개구리가 돼.

초이

가

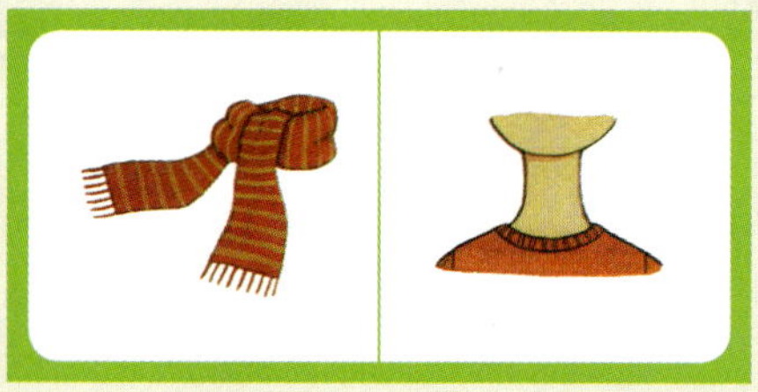

나

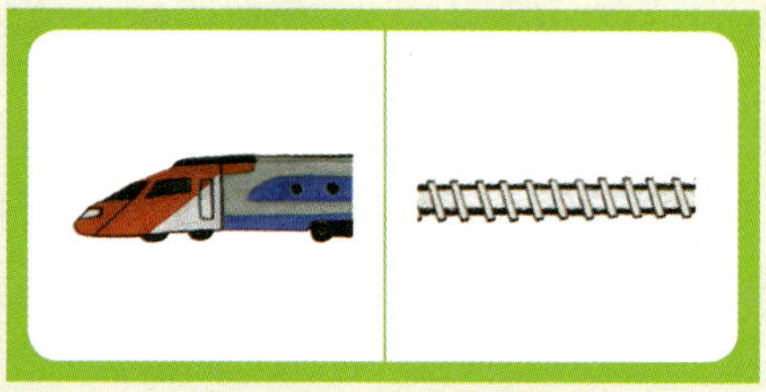

다

라

마

바

관계가 서로 같은 두 카드의 기호를 ☐ 안에 써넣으시오.

그림을 보고 ☐ 안에 알맞은 단어를 써넣으시오.

경찰관 아저씨는 경찰차를 타고 다닙니다.

소방관 아저씨는 ☐ 를 타고 다닙니다.

왼쪽의 관계를 보고 오른쪽 빈 곳에 알맞은 단어를 쓰시오.

| 개 | 강아지 | ⟺ | 소 | |

| 옷 | 옷장 | ⟺ | | 책장 |

노크 포인트

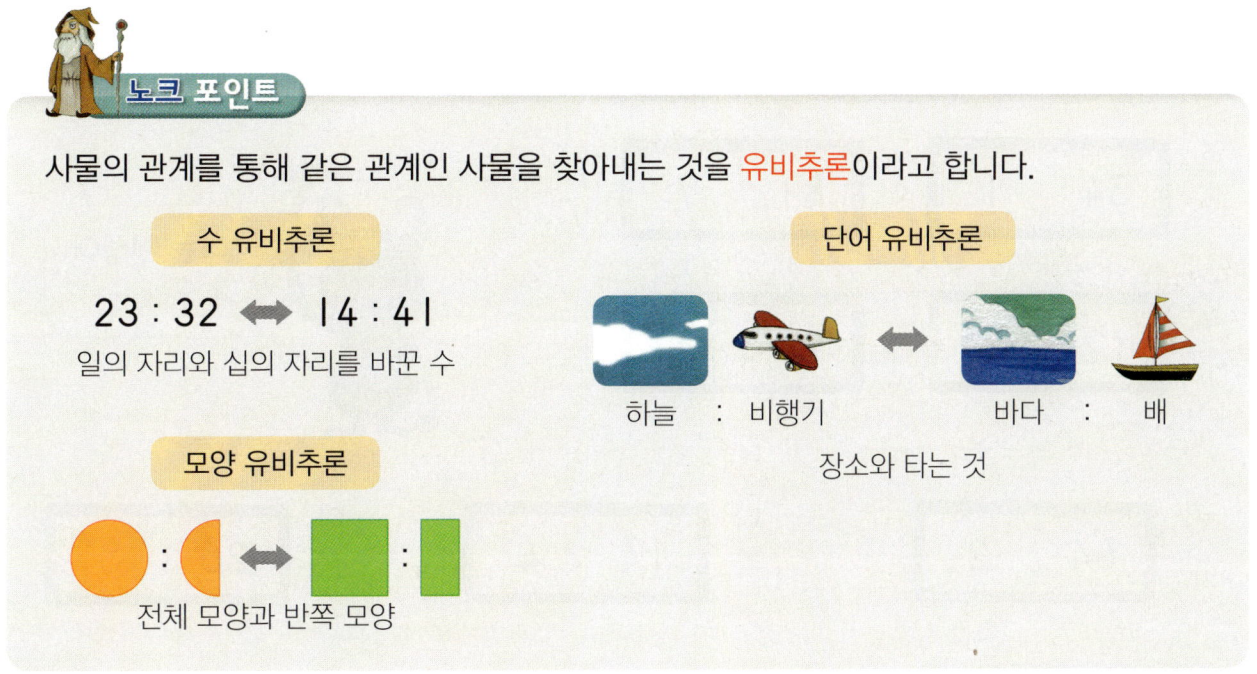

사물의 관계를 통해 같은 관계인 사물을 찾아내는 것을 유비추론이라고 합니다.

수 유비추론

23 : 32 ⟺ 14 : 41

일의 자리와 십의 자리를 바꾼 수

모양 유비추론

전체 모양과 반쪽 모양

단어 유비추론

하늘 : 비행기 ⟺ 바다 : 배

장소와 타는 것

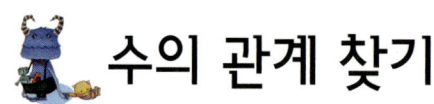

수의 관계 찾기

두 수의 관계를 찾고 같은 관계에 있는 수를 알아봅시다.

❶ 다음 두 수의 관계를 찾아 설명하시오.

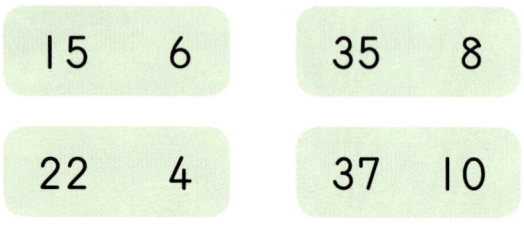

| 15 | 6 |
| 22 | 4 |

| 35 | 8 |
| 37 | 10 |

난 수만 보면 덧셈이 생각나.
1+5=6, 3+5=8

❷ ❶에서 발견한 관계와 같은 관계인 두 수에 ◯표 하시오.

| 26 | 12 |

| 5 | 23 |

| 12 | 3 |

| 64 | 2 |

다음 두 수의 관계와 같은 관계인 것의 기호를 쓰시오.

| 54 | 1 |
| 17 | 6 |

| 81 | 7 |
| 75 | 2 |

나는 뺄셈이 좋은데……

가 | 64 | 2 |

나 | 14 | 4 |

다 | 26 | 8 |

1 서로 관련 있는 것끼리 선으로 이으시오.

| 40과 50 | • | 두 수의 일의 자리와 십의 자리가 서로 바뀌어 있습니다. | • | 78과 87 |

| 11과 77 | • | 두 수의 차가 10입니다. | • | 55와 33 |

| 26과 62 | • | 두 수의 합이 88입니다. | • | 65와 75 |

2 두 수의 관계가 같도록 ◯ 안에 알맞은 수를 쓰시오.

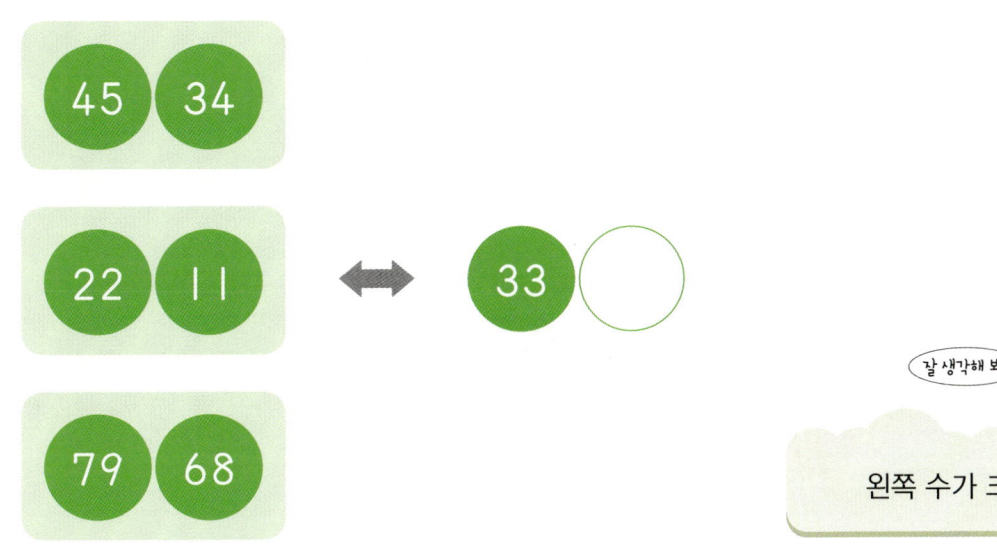

45 34

22 11 ⟷ 33 ◯

79 68

잘 생각해 봐!

왼쪽 수가 크군.

신기한 마술상자

장난 요괴의 마술 상자에 어떤 모양이 들어가면 모양이 바뀌어져 나옵니다.

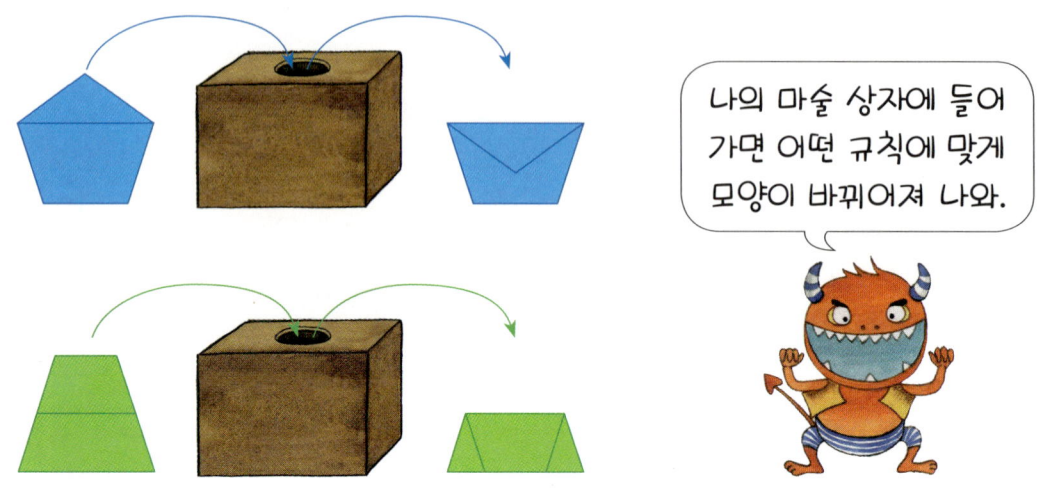

나의 마술 상자에 들어가면 어떤 규칙에 맞게 모양이 바뀌어져 나와.

❶ 들어간 모양과 나온 모양은 어떤 관계가 있습니까?

❷ 다음 모양을 같은 마술 상자에 넣으면 어떤 모양이 나오는지 그려 보시오.

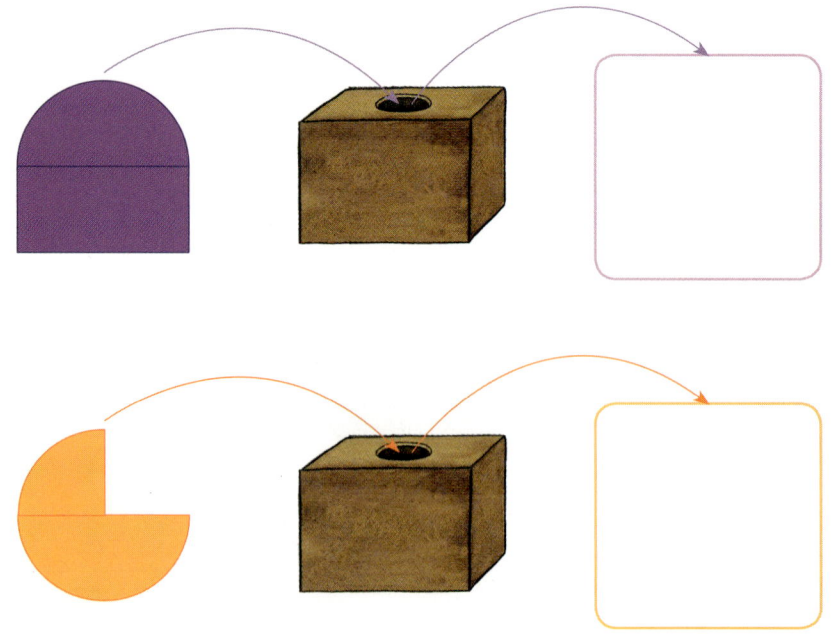

1 관계가 있는 모양끼리 짝지은 것입니다. 관계가 서로 같은 두 카드의 기호를
⬜ 안에 쓰시오.

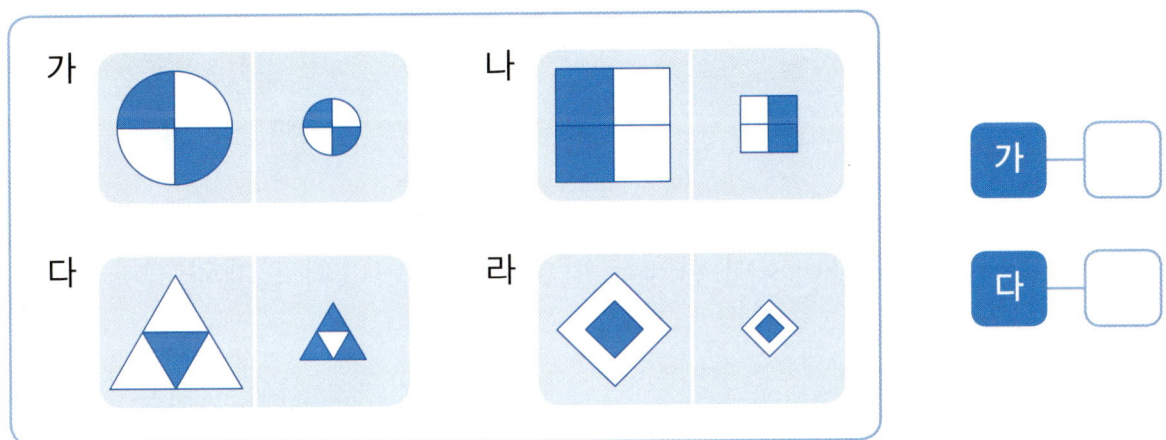

2 새로운 마술 상자에서 나오는 모양을 보고, 각 모양이 마술 상자에 들어갔다가
나오는 모양에 맞게 색칠하여 보시오.

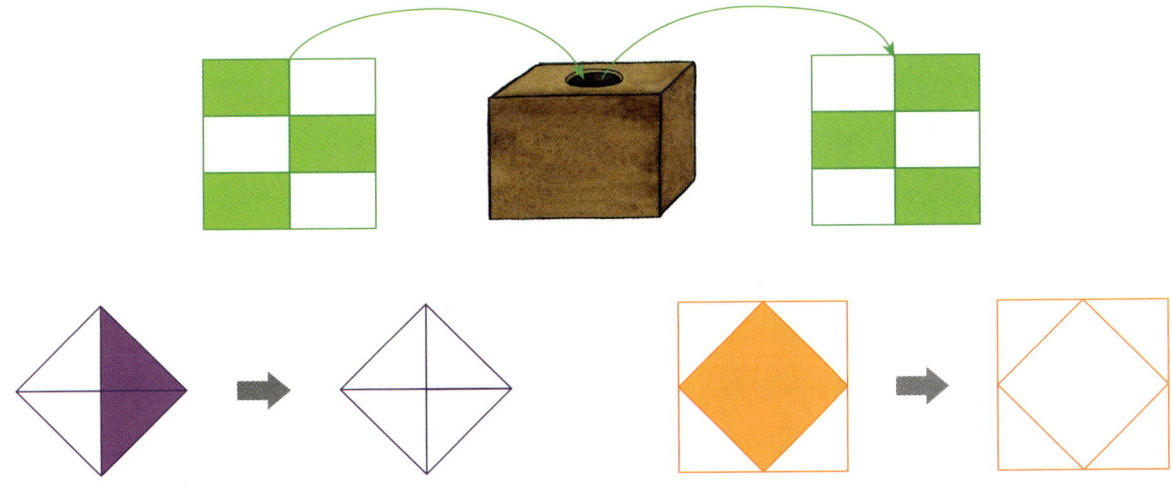

 **매트릭스 유비추론**

할아버지와 할머니의 관계는 아버지와 어머니의 관계와 같습니다.

| 할아버지와 할머니 | ⬌ | 아버지와 어머니 |

그런데 할아버지와 아버지의 관계는 할머니와 어머니의 관계와 같습니다.

| 할아버지와 아버지 | ⬌ | 할머니와 어머니 |

표를 이용하여 두 가지의 관계를 한 번에 가로, 세로로 나타낼 수 있습니다.

할아버지	아버지
할머니	어머니

가로, 세로의 관계를 찾아 빈 곳에 알맞은 단어를 쓰시오.

손	
발	양말

해	달
낮	

 가로, 세로의 관계를 찾아 빈 곳에 들어가는 그림에 ◯표 하시오.

 가로, 세로의 관계를 찾아 빈 곳에 알맞은 단어를 쓰시오.

비행기	
	바다

	야구공
축구	

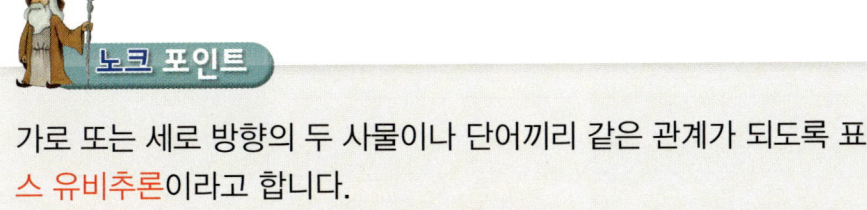
노크 포인트

가로 또는 세로 방향의 두 사물이나 단어끼리 같은 관계가 되도록 표에 채워 넣는 것을 매트릭스 유비추론이라고 합니다.

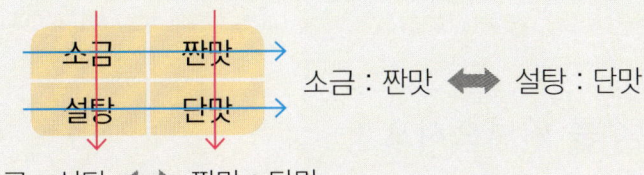

소금 : 짠맛 ⬌ 설탕 : 단맛

소금 : 설탕 ⬌ 짠맛 : 단맛

단어와 마찬가지로 숫자, 모양으로도 매트릭스 유비추론을 할 수 있습니다.

수 매트릭스

왼쪽 모양에서 네 수의 관계를 찾아 오른쪽 모양의 빈 곳에 알맞은 수를 구해 봅시다.

왼쪽 수의 각 자리 숫자를 더 해 봐.

아래쪽 수는 위쪽 수보다 얼마나 크지?

❶ 오른쪽 수와 아래쪽 수를 구하는 방법을 써 보시오.

• 오른쪽 수:

• 아래쪽 수:

❷ 빈 곳에 알맞은 수를 써넣으시오.

1 가로, 세로의 관계를 표시하였습니다. 빈 곳에 알맞은 수를 써넣으시오.

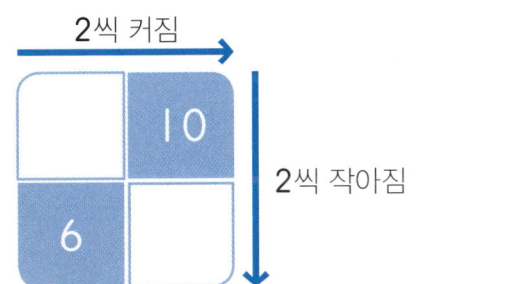

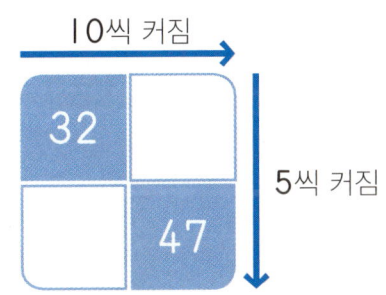

2 다음은 각각 다른 관계를 가진 수 모둠입니다. 네 수의 관계를 찾아 빈 곳에 알맞은 수를 써넣으시오.

모양 매트릭스

모양의 관계를 찾아 빈 곳을 완성해 봅시다.

❶ 왼쪽 모둠의 가로와 세로의 관계를 나타낸 것을 찾아 기호를 쓰시오.

> ㉠ 모양을 색칠합니다.
> ㉡ 모양의 크기가 작아집니다.
> ㉢ 모양이 1개 더 늘어납니다.
> ㉣ 모양이 2개 더 늘어납니다.

가로의 관계: ☐

세로의 관계: ☐

❷ 오른쪽 모둠의 빈 곳에 알맞은 모양을 그려 넣으시오.

❸ 위 모양의 관계에 맞게 빈 곳에 알맞은 모양을 그리시오.

1 모양의 관계를 찾아 빈 곳에 알맞은 모양을 그리시오.

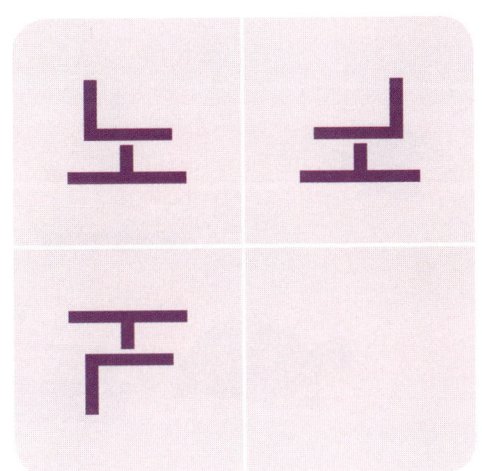

이것도 몰라!

가운데 가로줄과 세로줄을 따라 접으면 어떻게 될까?

[같은 관계로 색칠하기]

2 왼쪽과 똑같은 관계가 되도록 오른쪽 그림을 완성하시오.

세로로 보면 칠한 곳은 지워지고 안 칠한 곳은 칠했군.

6 이름 약속

초이가 쨍쨍이를 정한 후 쨍쨍이인 것과 쨍쨍이가 아닌 것으로 나누었습니다.

다음은 쨍쨍이 입니다.

다음은 쨍쨍이 가 아닙니다.

다음 중 쨍쨍이인 것을 모두 찾아 ○표 하시오.

8 공통점이 없는 단어 하나를 찾아 기호를 쓰시오.

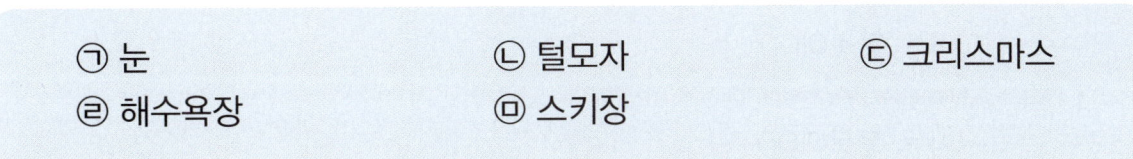

> ㉠ 눈   ㉡ 털모자   ㉢ 크리스마스
> ㉣ 해수욕장   ㉤ 스키장

9 다음 물건들을 소소로 부르기로 하였는데 그중에서 1개는 소소가 아닙니다. 소소가 아닌 것을 찾아 ✕표 하시오.

노크 포인트

단어나 사물들을 보고 공통적인 특징을 찾아낼 수 있습니다.

> 라면, 짜장면, 짬뽕, 스파게티, 냉면 ➡ 모두 면으로 만든 음식입니다.

단어, 숫자, 모양 등을 특징이 같은 것끼리 묶어서 새로운 이름을 붙이기로 약속할 수 있습니다.

> 쿠쿠입니다.   쿠쿠가 아닙니다.

➡ 쿠쿠는 네 발로 다니는 동물입니다.

수 약속 게임

지오와 태경이의 대화를 보고 붕붕이는 어떤 수인지 알아봅시다.

지오	태경
34는 붕붕이야?	응.
44는 붕붕이야?	아니.
16은 붕붕이야?	응.
71은 붕붕이야?	아니.
52는 붕붕이야?	응.
61은 붕붕이야?	응.

❶ 붕붕이인 수들의 특징을 쓰시오.

붕붕이는 행운의 수 7과 관련이 있군.

아인

❷ 다음 수가 붕붕이면 ◯표, 붕붕이가 아니면 ✕표를 하시오.

25 : ☐   48 : ☐   54 : ☐

[로로와 하하]

1 수를 로로와 하하로 나누었습니다. 나누어진 기준을 찾아 수가 로로이면 '로'를, 하하이면 '하'를 써넣으시오.

우리들은 로로야.
16 2 6 22 8 4 10

우리들은 하하야.
1 9 17 5 7 29 3

37 : ☐   26 : ☐   41 : ☐   14 : ☐

[코코가 아닌 수]

2 코코인 수 중에서 하나는 코코가 아니고 코코가 아닌 수 중에서 하나는 코코입니다. 나머지와 다른 수에 각각 ◯표 하시오.

코코입니다.
23   78   12   67   87   56

코코가 아닙니다.
98   54   32   45   76   43

잘 생각해 봐!

일의 자리 숫자와 십의 자리 숫자의 관계를 살펴봐.

출입증의 모양

초이네 반 교실은 출입증이 있어야 들어올 수 있습니다. 다음은 출입증과 출입증이 아닌 것의 모양입니다. 출입증의 조건을 찾아 봅시다.

출입증입니다.

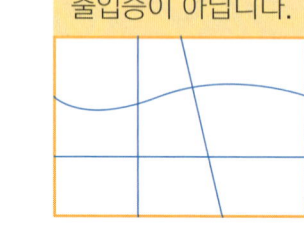
출입증이 아닙니다.

출입증입니다.

출입증입니다.

출입증입니다.

출입증이 아닙니다.

❶ 출입증 모양의 공통된 특징을 써 보시오.

선의 개수와 모양을 살펴봐야 해.

초이

❷ 다음 모양에서 출입증인 것에 ◯표 하시오.

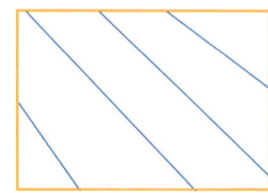
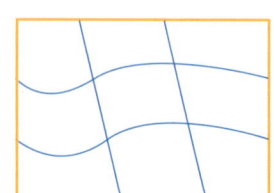
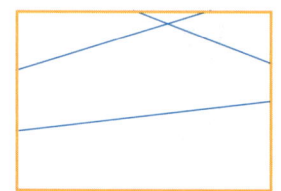

[종류가 다른 모양]

1 다음 중 종류가 다른 모양 하나를 찾아 기호를 쓰시오.

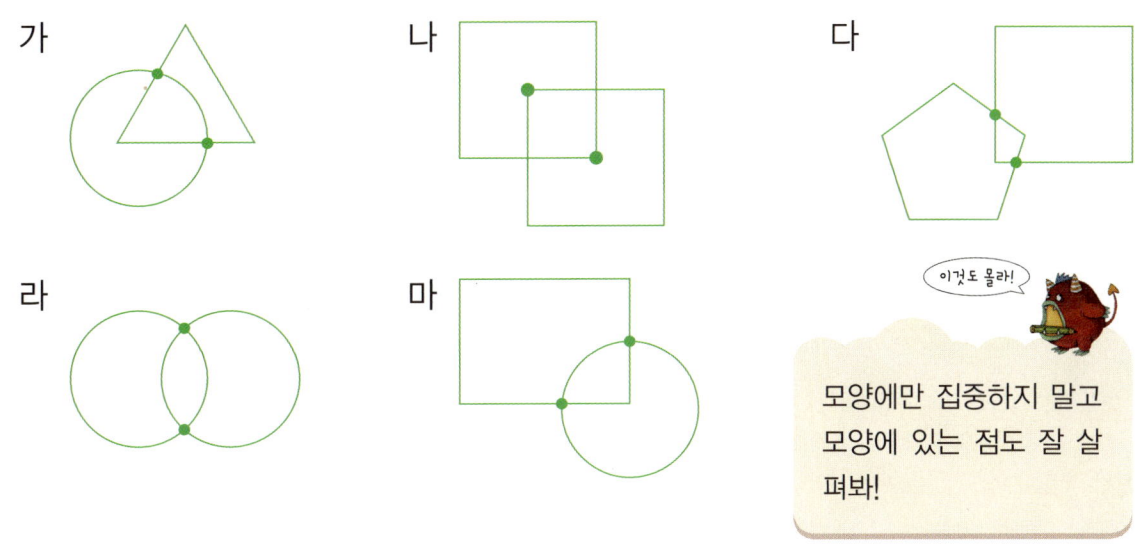

이것도 몰라!

모양에만 집중하지 말고 모양에 있는 점도 잘 살펴봐!

[코코 찾기]

2 코코와 코코가 아닌 것의 특징을 찾아 다음 모양에서 코코는 모두 몇 개인지 구하시오.

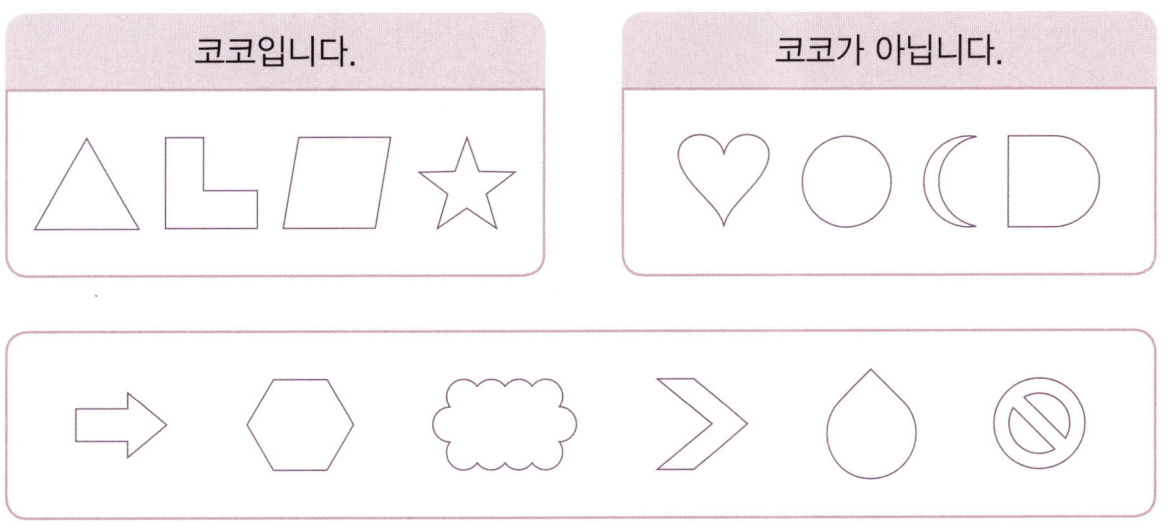

 # 창의적 문제해결력

1 왼쪽의 관계와 가장 비슷한 관계인 것의 기호를 쓰시오.

붕어 – 빵

가   단팥 – 빵   나   옥수수 – 빵

다   국화 – 빵   라   생크림 – 빵

2 규칙을 찾아 빈 곳에 알맞은 그림을 그리시오.

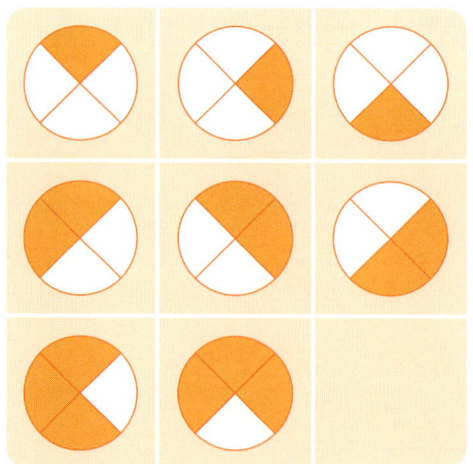

3 바둑돌이 나머지와 다른 규칙으로 놓인 것의 기호를 쓰시오.

가 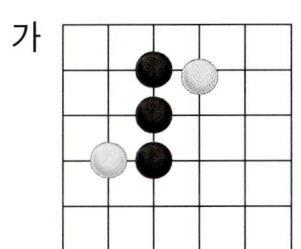 나 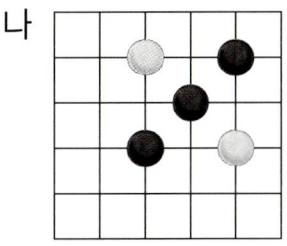 다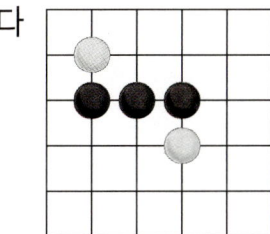

라 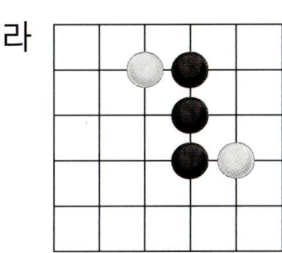 마 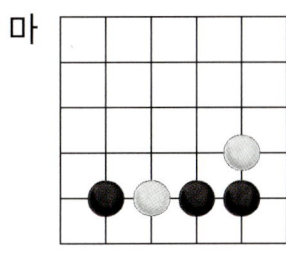 바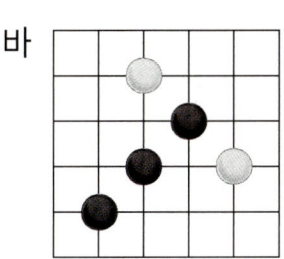

4 다음 숫자, 한글, 알파벳 중에서 각각 한 개씩을 빼고 모두 통통이입니다. 통통이가 아닌 것을 골라 ◯표 하시오.

숫자	8 0 5 3
한글	ㅁ ㄱ ㄷ ㅍ
알파벳	B C D J

Chapter 3

증감과 반전

늘어나거나 줄어드는 규칙

초이네 가족은 아침 식사 때마다 한 사람이 달걀 1개와 우유 1팩씩을 먹습니다.
초이는 며칠 동안 달걀과 빈 우유 팩의 수를 관찰했습니다.

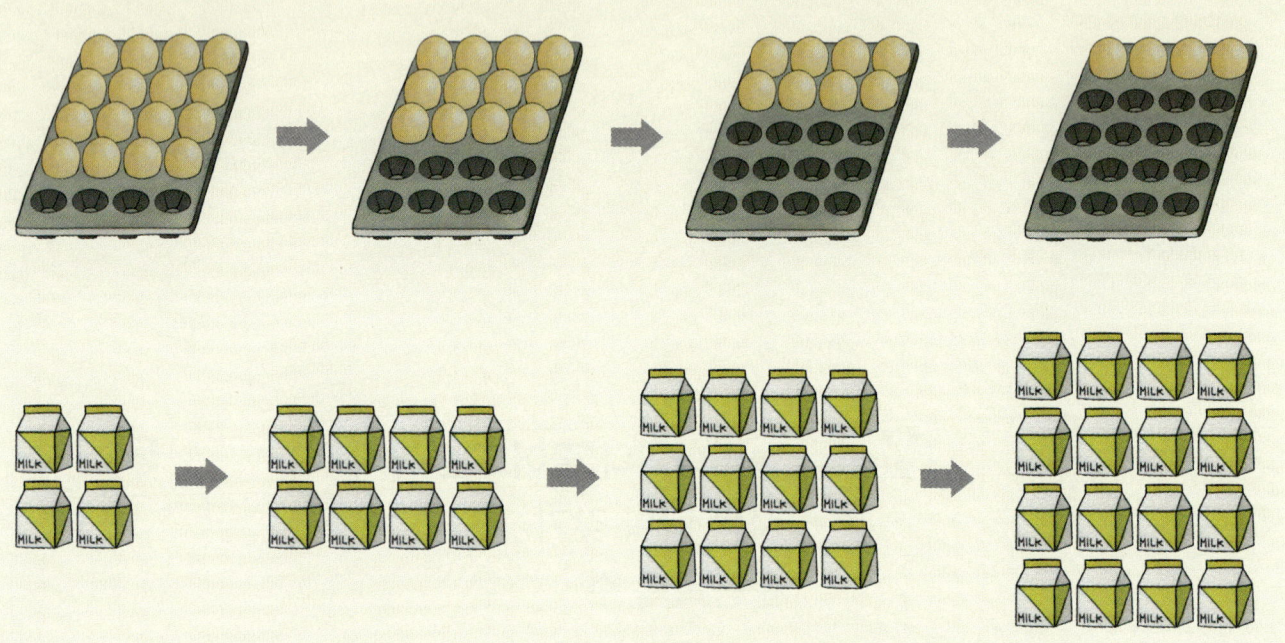

규칙에 맞게 ☐ 안에 알맞은 수를 써넣으시오.

달걀은 하루에 ☐개씩 줄어들고, 빈 우유 팩은 하루에 ☐개씩 늘어납니다.

초이네 가족은 모두 몇 명입니까?

3 모양의 수에서 규칙을 찾아 ☐ 안에 알맞은 수를 써넣으시오.

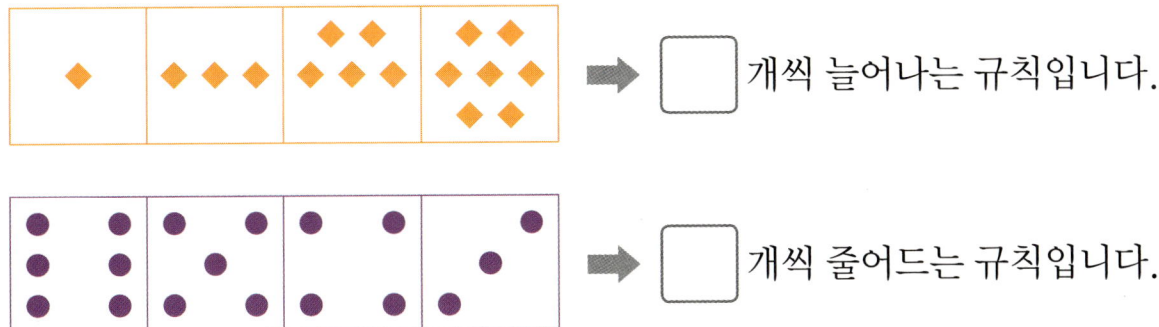

➡ ☐ 개씩 늘어나는 규칙입니다.

➡ ☐ 개씩 줄어드는 규칙입니다.

4 딸기가 접시에 놓인 규칙을 찾아 빈 접시에 딸기의 수만큼 ◯를 그려 넣으시오.

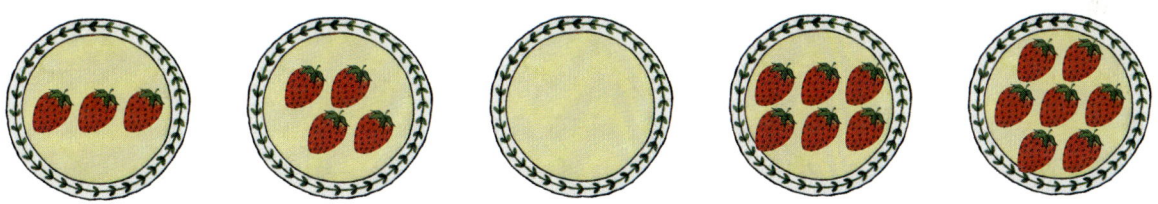

노크 포인트

모양이 일정하게 몇 개씩 늘어나거나 줄어드는 규칙을 이용하여 모양의 개수를 구할 수 있습니다.

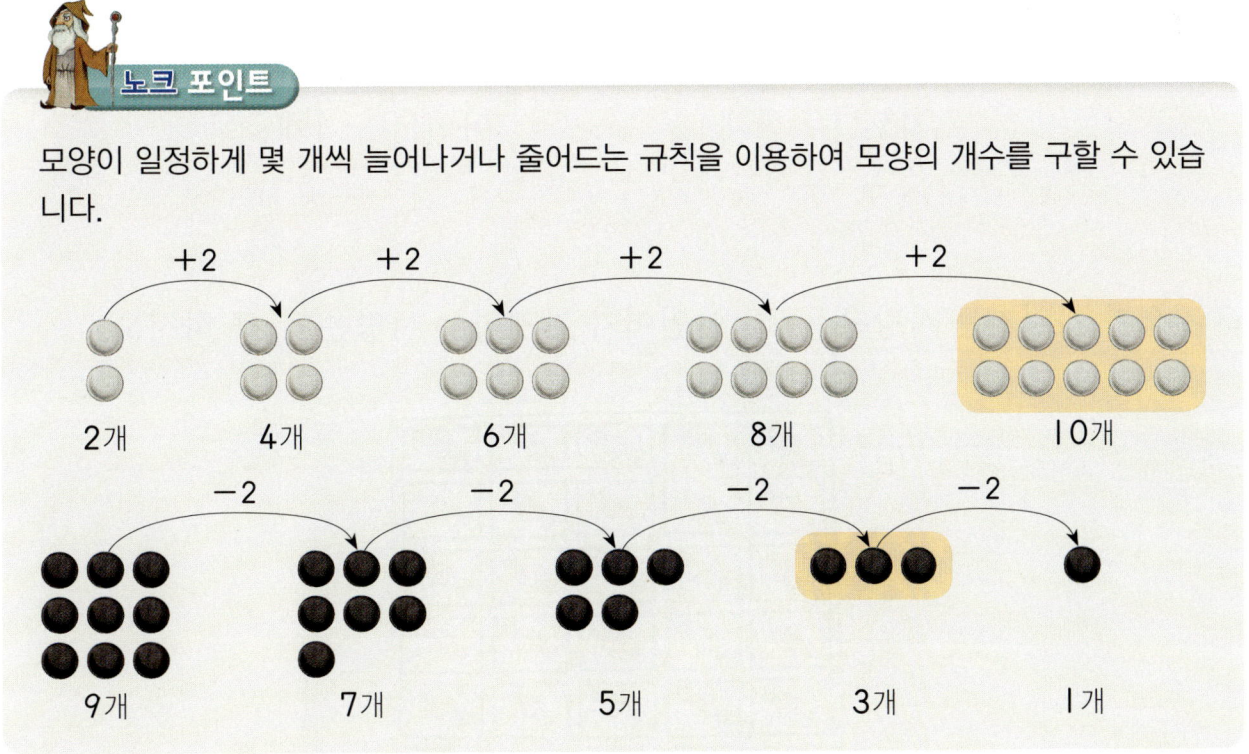

사탕 나눠 갖기

지오와 아인이는 다음과 같은 규칙으로 사탕을 번갈아 가며 나누려고 합니다. 지오와 아인이가 다음 차례에 가져가는 사탕을 알아봅시다.

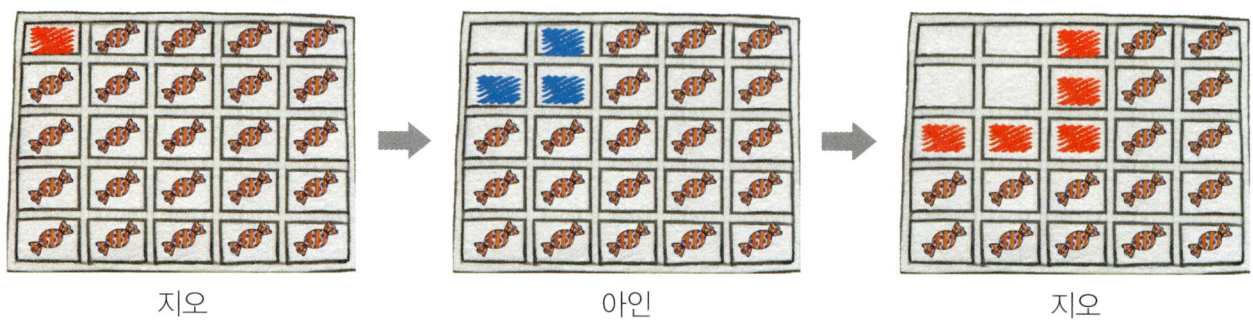

지오   아인   지오

❶ 지오와 아인이가 번갈아 가며 가져간 사탕의 수를 차례로 쓴 것입니다. 규칙을 찾아 ⬜ 안에 알맞은 수를 써넣으시오.

$$1 - 3 - 5 - \boxed{} - \boxed{}$$

❷ 다음 차례에 지오와 아인이가 가져간 사탕의 수는 각각 몇 개입니까?

지오: ⬜ 개   아인: ⬜ 개

❸ 지오가 가져가는 사탕은 ◯표, 아인이가 가져가는 사탕은 △표 하시오.

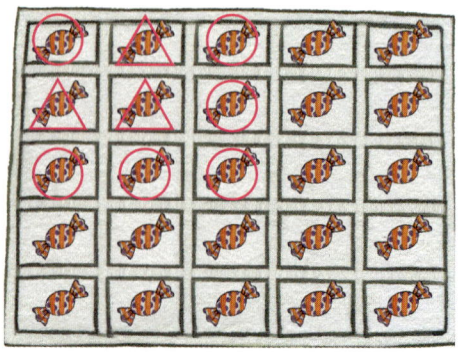

1 규칙을 찾아 마지막 주머니에 알맞은 모양을 그려 넣으시오.

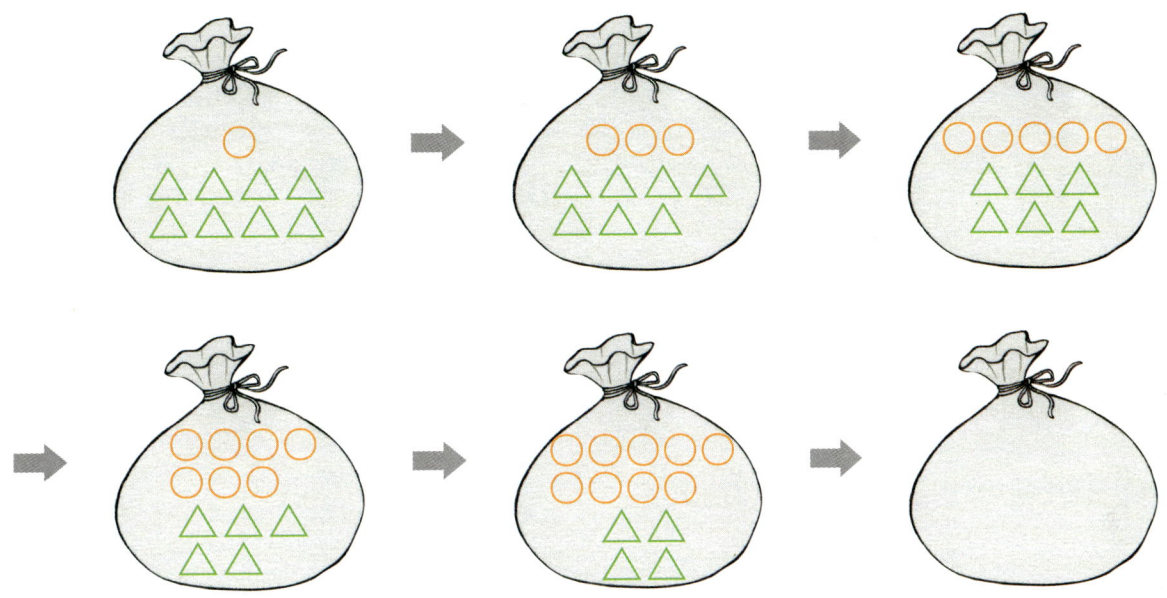

[색칠한 칸의 규칙]

2 규칙에 맞게 마지막 모양을 색칠하시오.

9	6	3
8	5	2
7	4	1

➡

9	6	3
8	5	2
7	4	1

➡

9	6	3
8	5	2
7	4	1

➡

9	6	3
8	5	2
7	4	1

➡

9	6	3
8	5	2
7	4	1

잘 생각해 봐!

색칠한 칸이 어떤 규칙
으로 몇 개씩 줄어드는
지 잘 살펴봐.

운동복의 수

축구부 선수들의 운동복이 다음과 같은 규칙으로 빨랫줄에 널려 있습니다. 맨 오른쪽 운동복의 수를 알아봅시다.

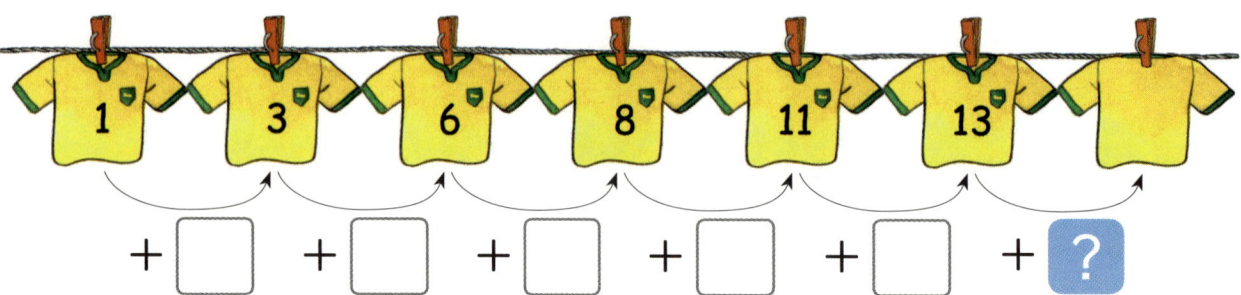

❶ ☐ 안에 알맞은 수를 써넣으시오.

❷ 맨 오른쪽 운동복의 수를 구하시오.

운동복을 빨랫줄에 새로운 규칙으로 널어 놓을 때, 한 벌이 규칙에 맞지 않게 널려 있습니다. 규칙에 맞지 않는 운동복의 기호를 쓰시오.

1 태경이와 초이가 수를 말하고 있습니다. ☐ 안에 알맞은 수를 써넣으시오.

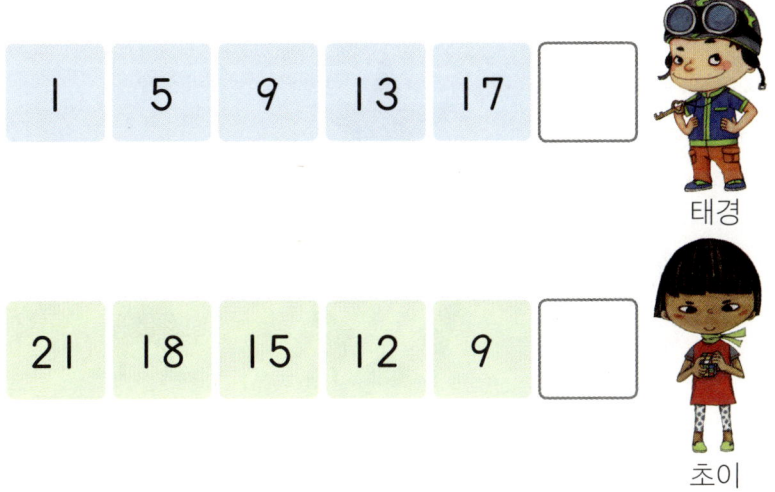

2 1에서 15까지 적힌 공이 통 아래로 내려와서 일정한 규칙에 따라 색깔별로 나누어 들어갔습니다. ㉠, ㉡, ㉢, ㉣에 알맞은 수를 구하시오.

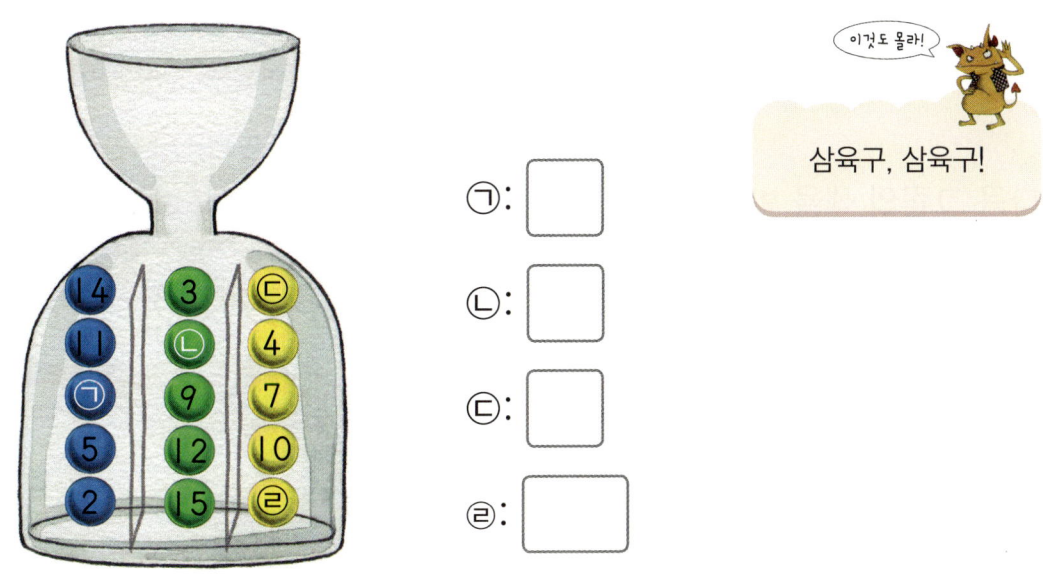

㉠: ☐

㉡: ☐

㉢: ☐

㉣: ☐

이것도 몰라!

삼육구, 삼육구!

8 색이 서로 바뀌는 규칙

한입 요괴와 거꾸로 요괴가 마법의 문양을 그립니다.

마법의 문양은 흰색 ⬠ 모양에 검은색 별 ★을 안에 그리면 돼.

난 거꾸로 요괴~ 흰색은 검은색으로 검은색은 흰색으로 바꾸어 그릴 거야.

한입 요괴   거꾸로 요괴

서로 반대로 바꾸어 그리는 것을 반전이라고 합니다. 흰색 종이에 검은색 글자를 반전하면 검은색 종이에 흰색 글자가 됩니다.

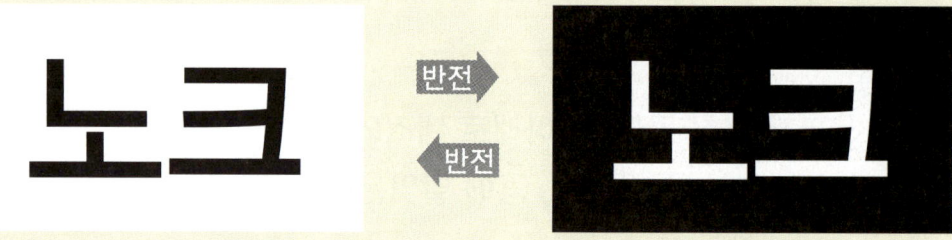

반대로 검은색 종이에 흰색 글자를 반전하면 흰색 종이에 검은색 글자가 됩니다.

다음 그림의 색을 반전하여 색칠해 보시오.

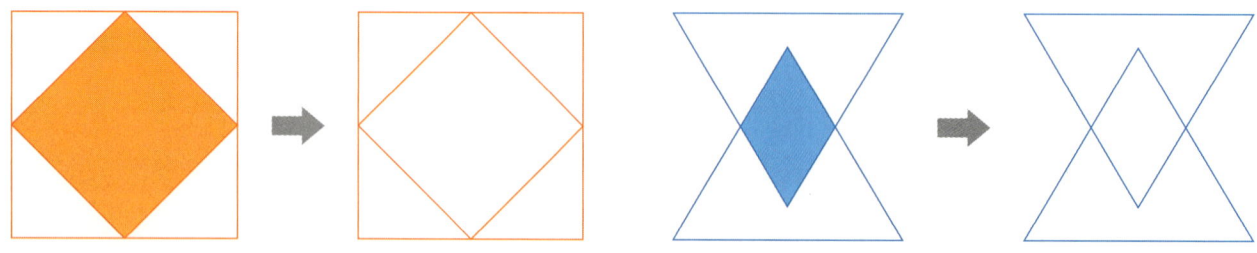

바로 앞의 모양과 색을 반전한 모양이 반복되도록 색칠해 보시오.

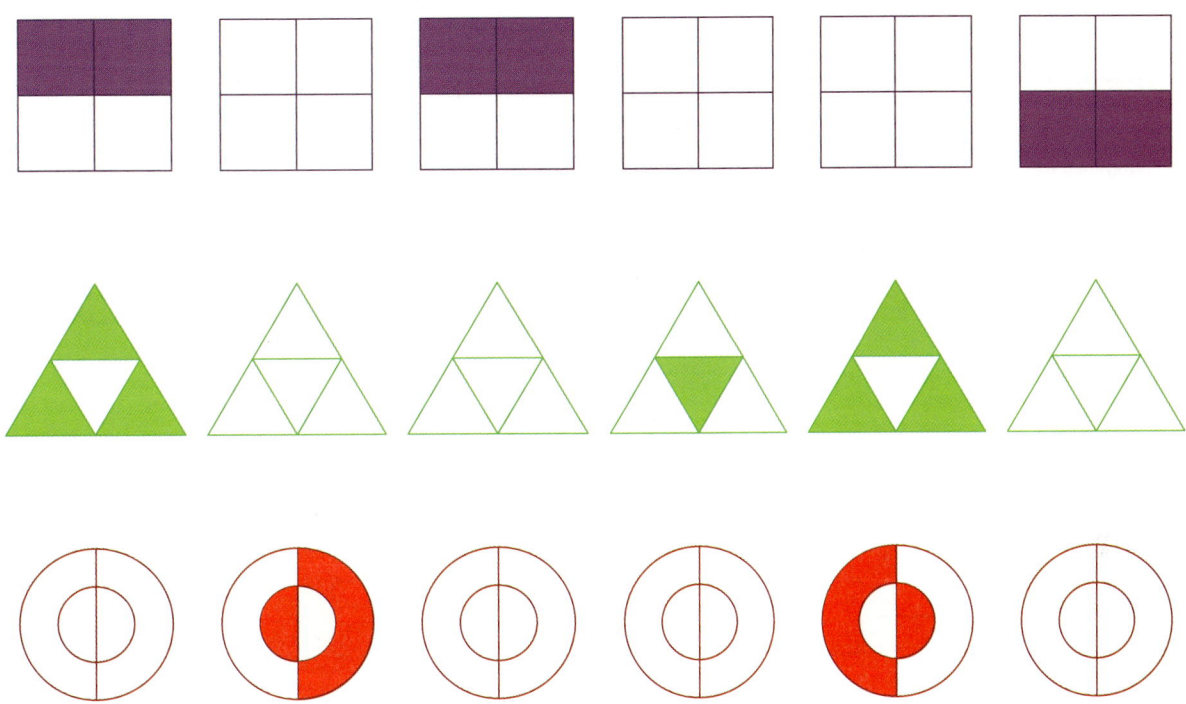

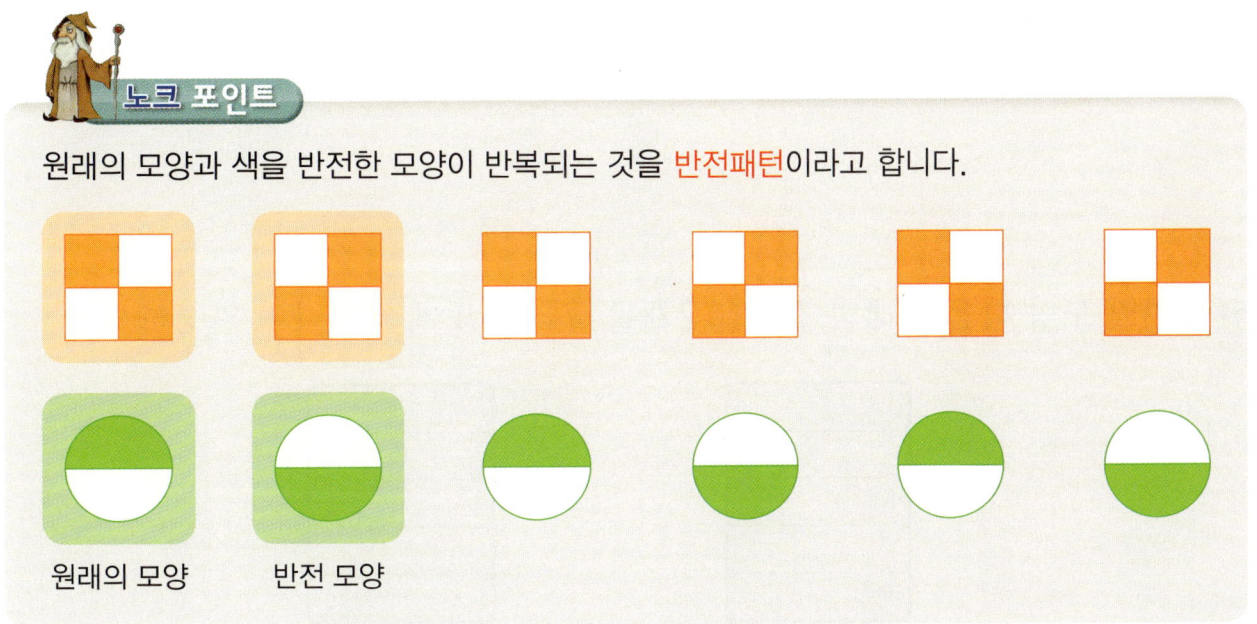

원래의 모양   반전 모양

원래의 모양과 색을 반전한 모양이 반복되는 것을 반전패턴이라고 합니다.

깜빡깜빡 전광판

분식점 전광판의 불이 들어오는 곳이 일정한 규칙으로 계속 바뀝니다. 불이 들어오는 규칙을 찾아 다음에 어느 곳의 불이 들어올지 알아봅시다.

❶ 오른쪽과 같이 번호를 정할 때, '바삭한 튀김' 칸이 움직이는 순서를 번호로 나타내시오.

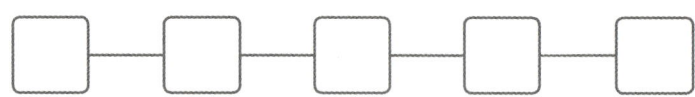

❷ '매운 떡볶이' 칸이 움직이는 순서를 번호로 나타내시오.

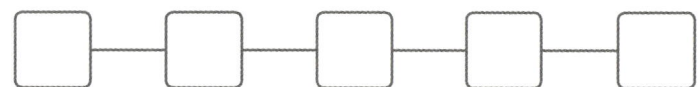

❸ 마지막 모양 다음 차례의 전광판 2개를 규칙에 맞게 색칠하여 완성하시오.

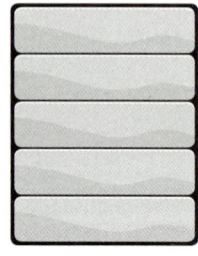 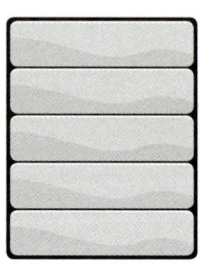

1 규칙을 찾아 중간에 비어 있는 모양을 모두 색칠하여 완성하시오.

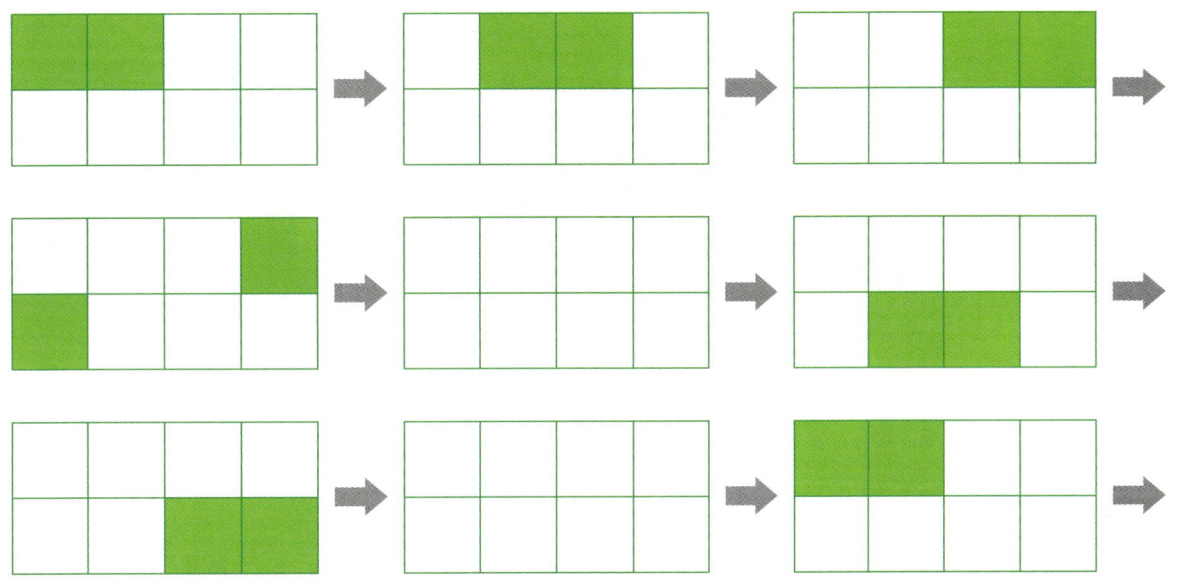

[따로 이동하는 모양]

2 모양이 이동하는 규칙을 찾아 마지막 그림을 완성하시오.

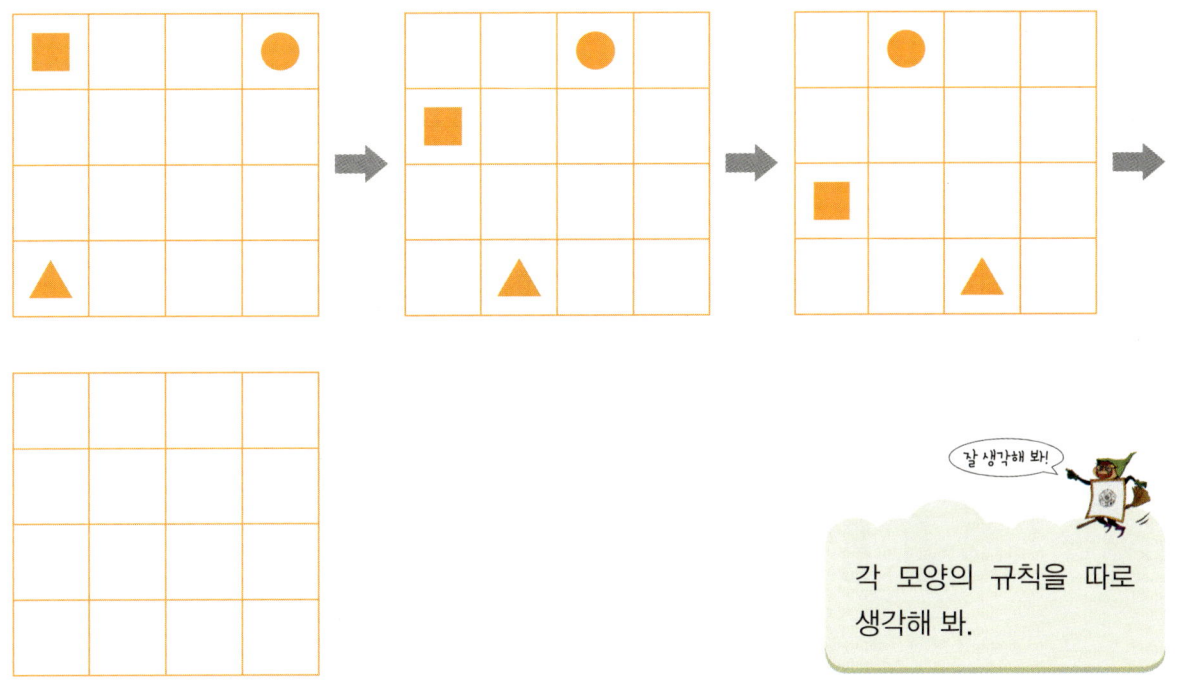

잘 생각해 봐!

각 모양의 규칙을 따로 생각해 봐.

켜지고 꺼진 규칙

다음과 같은 규칙으로 초 6개의 불이 켜지거나 꺼집니다. 규칙을 찾아 나머지 두 곳의 초는 어떻게 될지 알아봅시다.

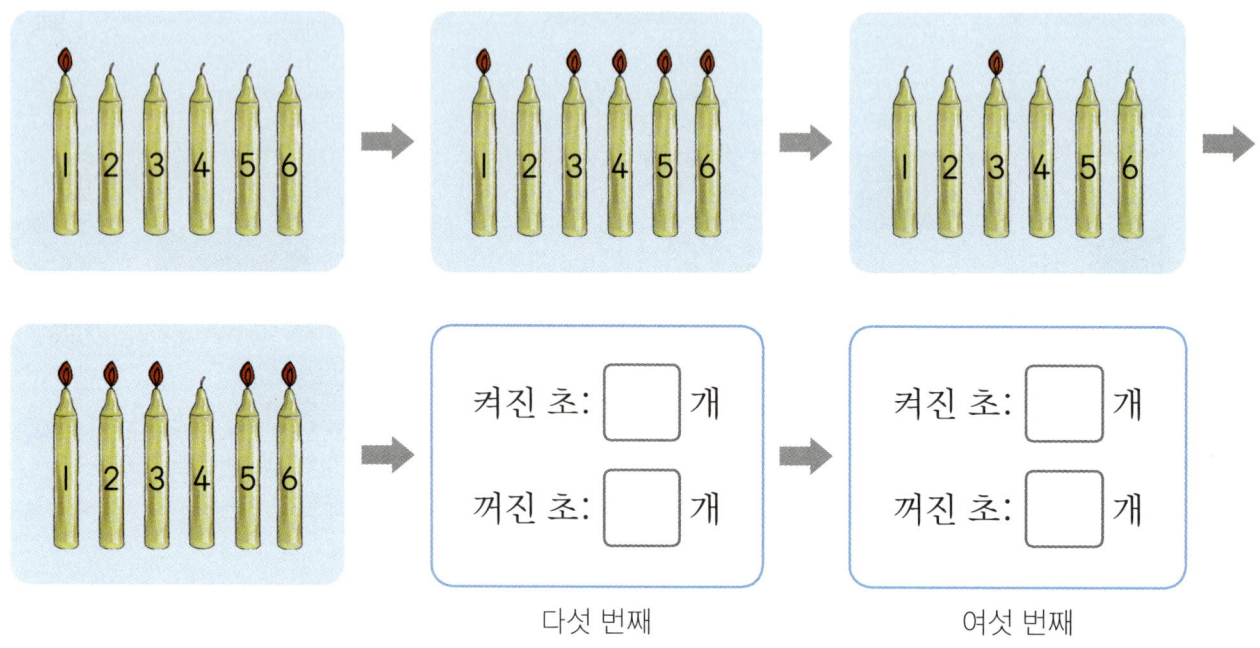

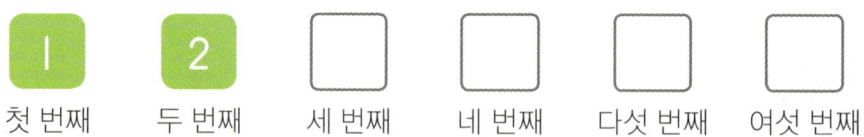

다섯 번째   여섯 번째

❶ 다섯 번째와 여섯 번째에 있는 켜진 초와 꺼진 초의 수를 ☐ 안에 각각 쓰시오.

❷ 초 6개 중 1개의 초만 켜지거나 꺼져 있습니다. 켜지거나 꺼진 1개의 초의 번호를 쓰시오.

1	2	☐	☐	☐	☐
첫 번째	두 번째	세 번째	네 번째	다섯 번째	여섯 번째

❸ 다섯 번째와 여섯 번째에 켜진 초를 알맞게 그리시오.

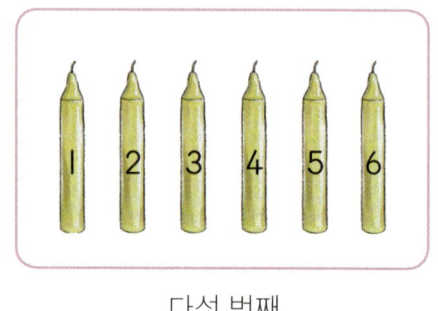

다섯 번째

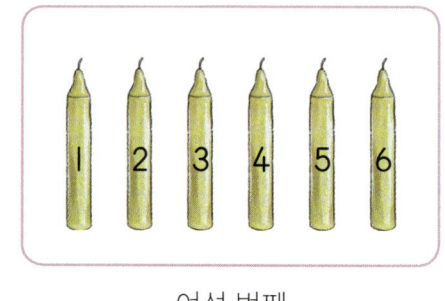

여섯 번째

1 규칙을 찾아 세 번째 모양을 알맞게 색칠하시오.

[바둑돌 패턴]

2 흰색과 검은색 바둑돌을 놓은 규칙을 찾아 다섯 번째 모양을 그리시오.

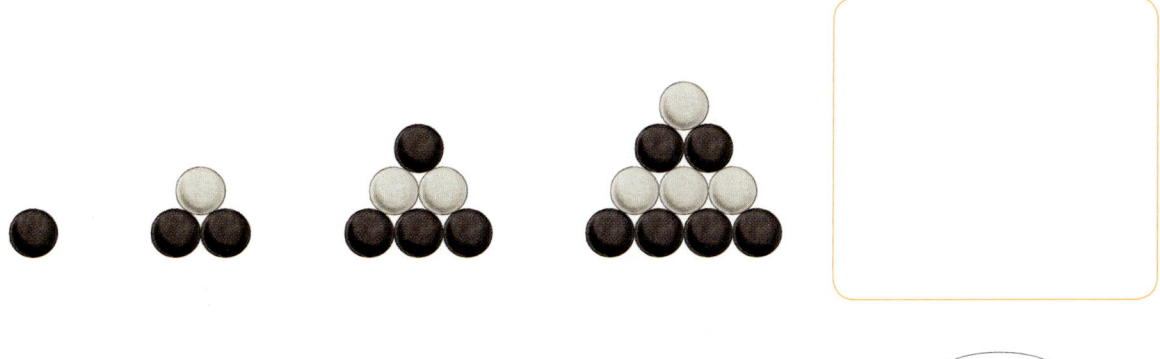

잘 생각해 봐!

검은색과 흰색 바둑돌의 위치가 번갈아 가며 바뀌고 있어!

두 가지 규칙

의상 디자이너인 지오의 이모는 새로운 옷감 패턴을 만들었습니다. 지오는 이모가 만든 패턴의 규칙이 궁금했습니다.

옷감 패턴의 첫 번째 가로줄을 보고 크기와 색깔의 규칙을 쓰시오.

크기 규칙: _____

색깔 규칙: _____

규칙에 따라 빈 곳에 들어갈 수 있는 모양의 크기와 색깔을 쓰시오.

두 가지 패턴의 마디를 찾아 차례대로 쓰시오.

크기: 크다, 작다, 작다
색깔: 파랑, 노랑

개수: _____   모양: _____

모양: _____   크기: _____

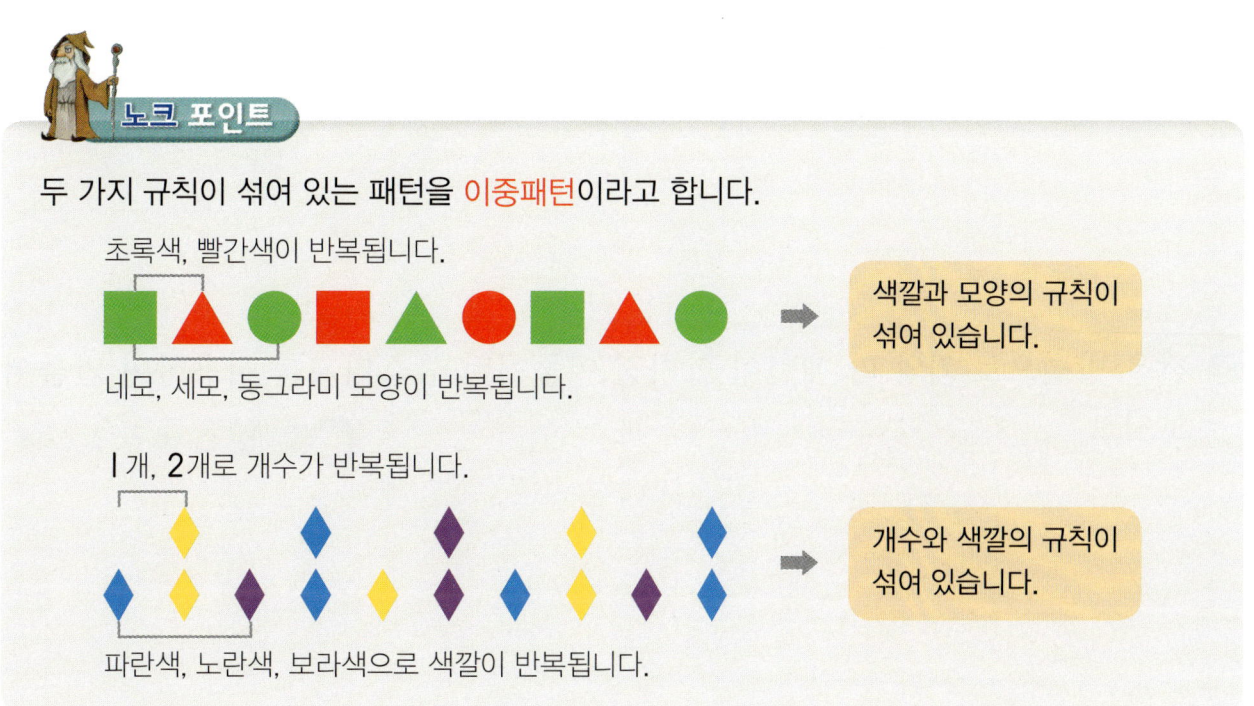

노크 포인트

두 가지 규칙이 섞여 있는 패턴을 **이중패턴**이라고 합니다.

초록색, 빨간색이 반복됩니다.

→ 색깔과 모양의 규칙이 섞여 있습니다.

네모, 세모, 동그라미 모양이 반복됩니다.

1개, 2개로 개수가 반복됩니다.

→ 개수와 색깔의 규칙이 섞여 있습니다.

파란색, 노란색, 보라색으로 색깔이 반복됩니다.

 # 이중패턴 만들기

가, 나, 다 세 개의 패턴이 있습니다. 이 중 두 패턴을 합쳐서 새로운 패턴을 만들어 봅시다.

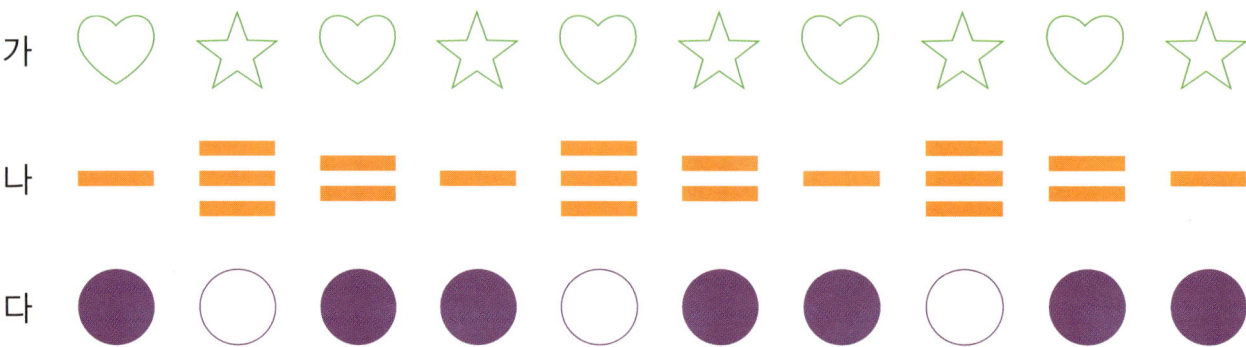

① **가**와 **나** 패턴이 합쳐진 이중패턴을 만들려고 합니다. 스티커를 사용하여 다음 패턴을 완성하시오.

준비물 ♡, ♥, ☆, ★ 스티커

② 같은 방법으로 **가**와 **다** 패턴이 합쳐진 이중패턴을 스티커를 사용하여 만들어 보시오.

준비물 ♡, ♥, ☆, ★ 스티커

1 [글자 이중패턴]
규칙을 찾아 맨 오른쪽 글자 다음에 올 글자로 알맞은 것의 기호를 쓰시오.

일요일일요일일요일일

가 요　　나 일　　다 요　　라 일

2 [이중패턴의 모양]
규칙을 찾아 빈 곳에 알맞은 모양을 그려 넣으시오.

이것도 몰라!

모양만 바뀌는 것 같은데 이 중패턴이라고? 모양에 2가지 규칙이 있나?

🦬 이삿짐 상자

아인이네 집은 이사를 하면서 다음과 같은 규칙으로 이삿짐 상자를 쌓았습니다. 쌓은 규칙을 보고 남는 상자의 수를 구해 봅시다.

❶ 상자를 쌓은 모양을 보고 표의 빈칸에 상자의 수와 크기를 모두 써넣으시오.

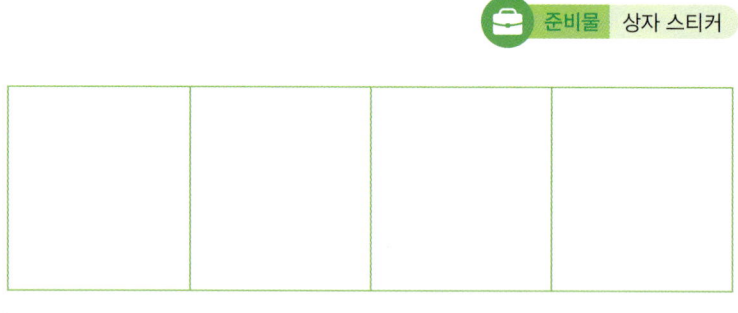

모양									
개수	2	1	2						
크기	크다	작다	크다						

❷ ❶의 규칙으로 상자를 쌓았더니 오른쪽 상자들이 남았습니다. ❶에 이어서 남은 상자를 규칙에 맞게 스티커를 사용하여 쌓으시오.

🧰 준비물 상자 스티커

남은 상자

❸ ❷의 남은 상자 중에서 규칙에 맞게 쌓을 수 없는 상자는 각각 몇 개입니까?

: ☐ 개   : ☐ 개

1 규칙에 따라 카드를 늘어놓은 다음, 한 장의 카드를 뒤집었습니다. 뒤집어 놓은 카드를 찾아 ◯표 하시오.

잘 생각해 봐!

카드 안의 모양이 숫자 또는 점으로 되어 있구나.

[이중패턴 미로]

2 규칙 에 맞게 고양이가 생선까지 가는 길을 이어 보시오.

규칙

• 모양은 ●, ◆, ▲가 반복됩니다.
• 색깔은 빨간색, 연두색이 반복됩니다.

1 규칙을 찾아 마지막 공 안에 들어가는 수를 구하시오.

2 5 3 6 4 7 5

2 우산을 든 네 사람 중 두 사람이 서로 자리를 바꾸면 우산의 색깔이 오른쪽으로 한 칸씩 움직이는 패턴이 됩니다. 자리를 바꾸어야 하는 두 사람은 누구누구입니까?

태경　　　　초이　　　　아인　　　　지오

3 얼굴의 규칙을 보고 마지막에 알맞은 얼굴을 그리시오.

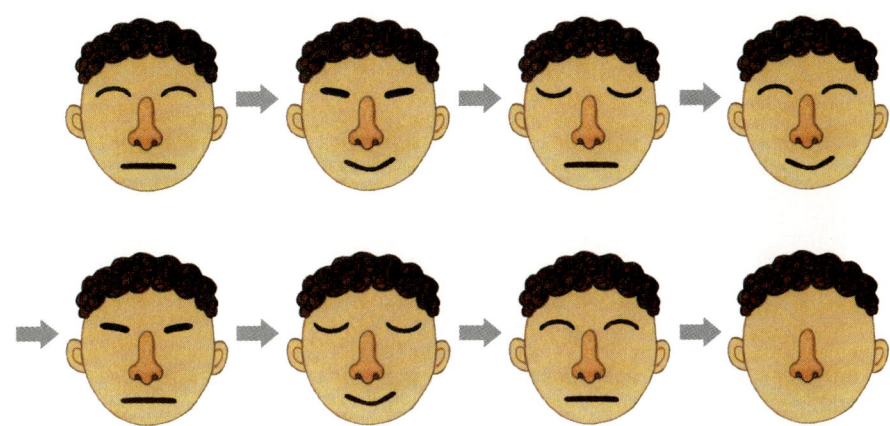

4 다음 세 가지 규칙을 모두 만족하는 패턴을 스티커를 사용하여 만들어 보시오.

⊙ 모양은 ♡, ☆, △가 반복됩니다.

ⓒ 크기는 작은 것, 큰 것이 반복됩니다.

ⓒ 개수는 2개, 1개가 반복됩니다.

Chapter 4

약속

크기가 같은 네모 2개를 붙인 모양을 도미노라고 합니다.

도미노는 내가 좋아하는 피자야. 먹고 싶다.

도미노는 한 줄로 세워놓고 쓰러뜨리는 내가 좋아하는 장난감인데…….

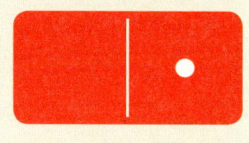

주사위 눈처럼 0에서 6까지의 눈을 그려 놓은 도미노를 식스 도미노라고 합니다. 0은 눈 없이 빈칸으로 나타냅니다.

(0, 1)

눈의 위치를 서로 바꾼 도미노는 하나의 도미노로 봅니다.

 =

두 칸에 있는 점의 수의 합이 6인 도미노를 모두 그려 보시오.

다음 도미노의 규칙을 알아보시오.

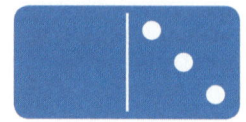　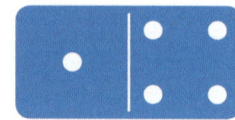　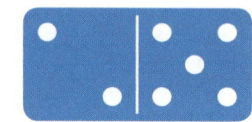　

두 도미노를 보고 ⬭ 안에 알맞은 수를 써넣으시오.

- 도미노에 있는 점의 수 중 가장 큰 수는 ⬭ 입니다.

- 도미노에 있는 점의 수 중 가장 적은 수는 ⬭ 입니다.

- 아래 도미노는 두 점의 수의 합은 ⬭ 입니다.

노크 포인트

도미노는 한 칸에 들어가는 점이 최대 6개인 '6점 도미노'와 최대 9개인 '9점 도미노'가 있습니다.

6점 도미노   9점 도미노

여러 가지 규칙에 맞는 도미노를 찾을 수 있습니다.

2+5=7   3+4=7   8-3=5   5-0=5

두 눈의 합이 7   두 눈의 차가 5

도미노 모으기

초이는 세 가지 규칙에 맞는 9점 도미노를 상자에 모으고 있습니다. 그런데 초이가 만든 규칙을 적어 놓은 종이의 일부가 찢어져 보이지 않습니다.

1. 모두 점이 그려져 있습니다.
2. 양쪽의 점의 수가 서로 다릅니다.
3. 수가 모두

초이가 모아 놓은 도미노에서 규칙을 찾아 상자에 들어갈 수 있는 다른 도미노를 찾아 봅시다.

❶ 초이가 정한 세 번째 규칙을 찾아 쓰시오.

점의 수가 1, 3, 5, 7, 9가 없어.

❷ 다음 도미노 중 위의 상자에 들어갈 수 있는 도미노에 ◯표 하시오.

　　　　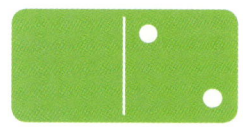　　　　

❸ 다음 도미노 중 위의 상자에 들어갈 수 없는 도미노에 ◯표 하시오.

1 공통점이 있는 6점 도미노끼리 모아 놓았습니다. 묶음 안의 도미노의 공통점을
찾아 빈 도미노 칸에 알맞게 점을 그리시오. 단, 점은 최대 6개까지 있습니다.

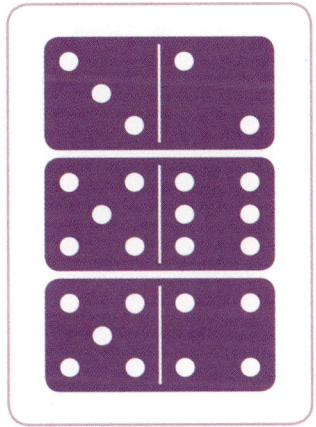 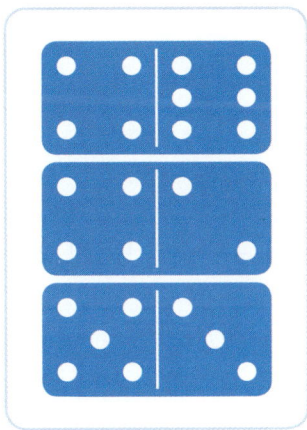 

[바꿔 놓은 도미노]

2 지오는 공통점이 있는 도미노를 모아 놓았는데 동생이 몰래 도미노 하나를 바꿔
놓았습니다. 바꾼 도미노를 찾아 ◯표 하시오.

도미노 퍼즐

태경이는 일정한 규칙에 따라 도미노 4개를 이어 놓았습니다. 도미노를 이은 규칙을 찾아 다른 도미노를 이어 봅시다.

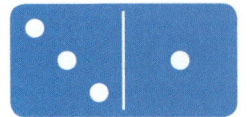 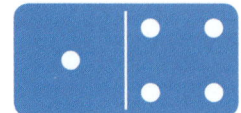 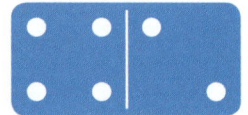 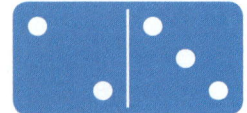

❶ 위 4개의 도미노 맨 오른쪽에 규칙에 맞게 놓을 수 있는 도미노의 기호를 쓰시오.

가 　　　나 　　　다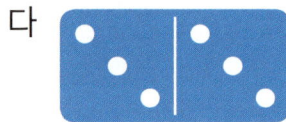

❷ 초이는 태경이가 놓은 도미노 아래에 새로운 규칙으로 도미노를 놓았습니다. 초이가 놓은 도미노의 규칙을 쓰시오.

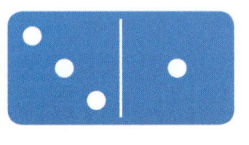 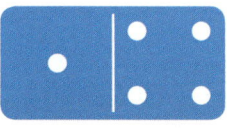 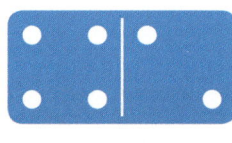 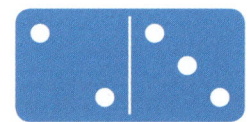
 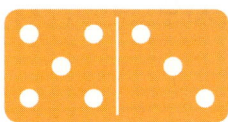  

이것도 몰라!

도미노의 왼쪽 칸과 오른쪽 칸의 규칙이 다르다는 걸 알아냈겠지?

❸ 초이의 규칙에 맞게 네 번째에 놓을 도미노를 그려 보시오.

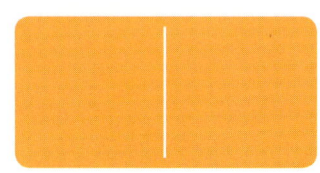

1 다음은 일정한 규칙에 따라 9점 도미노를 놓은 것입니다. 빈 곳에 들어가는 두 점의 수의 합을 구하시오.

2 다음 도미노를 놓은 규칙을 찾아 빈 곳에 알맞게 점을 그리시오.

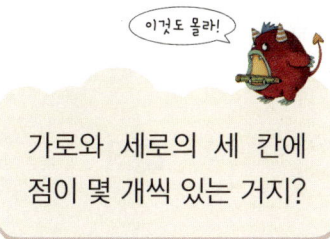

이것도 몰라!

가로와 세로의 세 칸에 점이 몇 개씩 있는 거지?

11 연산 약속

10원짜리 동전과 황금색 색종이를 넣어두면 금화가 나오는 요술 항아리가 있습니다.

금화 나와라, 뚝딱!

10원짜리 동전과 황금색 색종이를 넣었을 때 나오는 금화의 수를 구하시오.

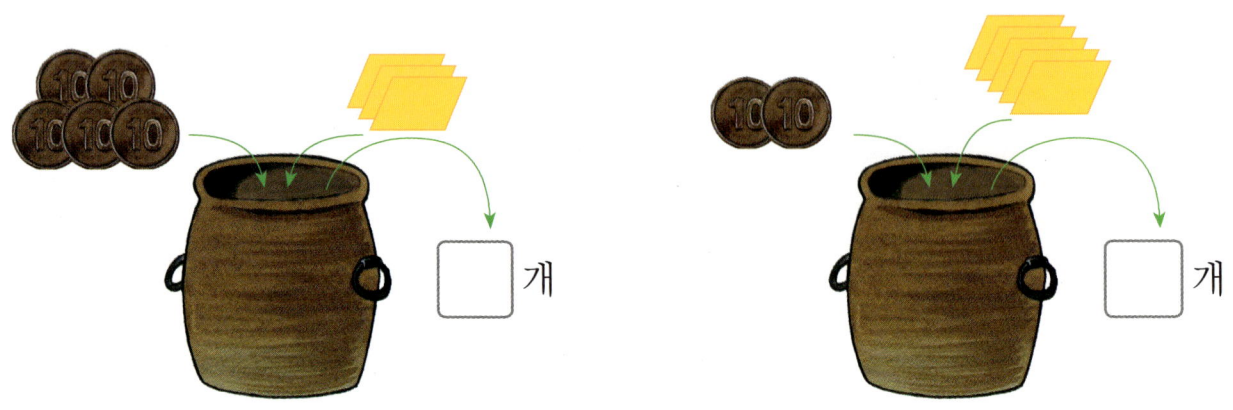

☐ 개   ☐ 개

 모양에서는 번호가 가장 큰 공을,  모양에서는 번호가 가장 작은 공을 꺼내기로 했습니다. 각각의 모양에서 꺼내야 하는 공의 수를 ☐ 안에 쓰시오.

♠ 모양은 ♠ 앞뒤에 있는 수를 더하기로 약속하였습니다. ☐ 안에 알맞은 수를 쓰시오.

$2 ♠ 15 = $ ☐ $10 ♠ 20 = $ ☐

노크 포인트

수를 바꾸거나 수끼리 계산하는 약속을 찾고, 약속한 방법을 다른 수에 적용할 수 있습니다.

모자에 들어갔다 나오면 6이 커집니다.

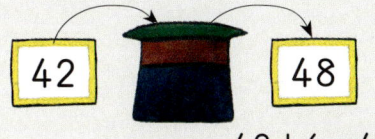

$42 + 6 = 48$

카드에 적힌 두 수의 차를 구합니다.

35 20 ➡ 15

$35 - 20 = 15$

연산 약속을 기호나 모양으로 정해서 나타낼 수 있습니다.

◆는 수의 십의 자리 숫자와 일의 자리 숫자를 바꾼 수를 말합니다.

$45 ◆ = 54$

◎는 두 수를 더한 값을 말합니다.

$36 ◎ 3 = 39$

기호의 약속

수가 바뀌는 기호의 약속을 찾아 ☐ 안에 알맞은 수를 구해 봅시다.

$$1 \blacktriangle = 2 \qquad 8 \blacktriangledown = 4$$

$$3 \blacktriangle = 6 \qquad 2 \blacktriangledown = 1$$

$$5 \blacktriangle = 10 \qquad 4 \blacktriangledown = 2$$

$$6 \blacktriangle = \boxed{} \qquad 10 \blacktriangledown = \boxed{}$$

❶ 기호 $\blacktriangle$ 와 $\blacktriangledown$ 는 어떤 약속입니까?

내 마술 방망이는 나쁜 것은 2배로, 좋은 것은 반으로 만들어 버리지.

❷ 위의 ☐ 안에 알맞은 수를 쓰시오.

각 기호의 약속을 찾아 ☐ 안에 알맞은 수를 써넣으시오.

$$3 \blacklozenge 6 = 9 \qquad 3 \bullet 7 = 4$$
$$20 \blacklozenge 8 = 28 \qquad 80 \bullet 20 = 60$$
$$15 \blacklozenge 4 = 19 \qquad 1 \bullet 15 = 14$$

$$14 \blacklozenge 23 = \boxed{} \qquad 56 \bullet 11 = \boxed{}$$

1 ■의 약속을 정하였는데 답을 잘못 적은 식이 하나 있습니다. 답이 잘못된 식의
기호를 쓰시오.

나는 큰 게 좋은 데 꼭 작은 것만 걸린단 말이야.

㉠ 6■3 = 3	㉡ 12■9 = 9
㉢ 7■1 = 1	㉣ 0■3 = 0
㉤ 10■2 = 10	㉥ 5■9 = 5

[약속에 맞게 계산하기]

2 기호의 약속을 찾아 ☐ 안에 알맞은 수를 써넣으시오.

3♥ = 7	1♣3 = 8
4♥ = 9	5♣3 = 16
7♥ = 15	4♣1 = 10

5♥ = ☐

5♣1 = ☐

잘 생각해 봐!

계산 결과가 커질 때에는
덧셈을 생각해 봐야지.

세모나라 수의 약속

세모나라 사람들의 얼굴에 적힌 세 수의 관계를 찾아 빈 곳에 알맞은 수를 구해 봅시다.

❶ 모자에 있는 수는 양쪽의 두 수와 어떤 관계가 있습니까?

❷ 세 수의 관계에 따라 모자에 알맞은 수를 구하시오.

세모나라에는 접시에도 3개의 수가 있습니다. 수 사이의 관계를 찾아 ☐ 안에 알맞은 수를 쓰시오.

 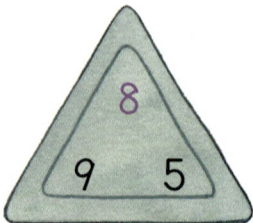  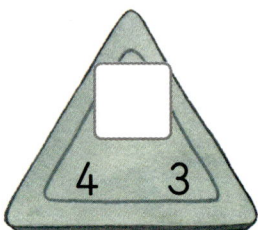

1 세 수 사이의 규칙을 찾아 다음 세모의 빈 곳에 알맞은 수를 쓰시오.

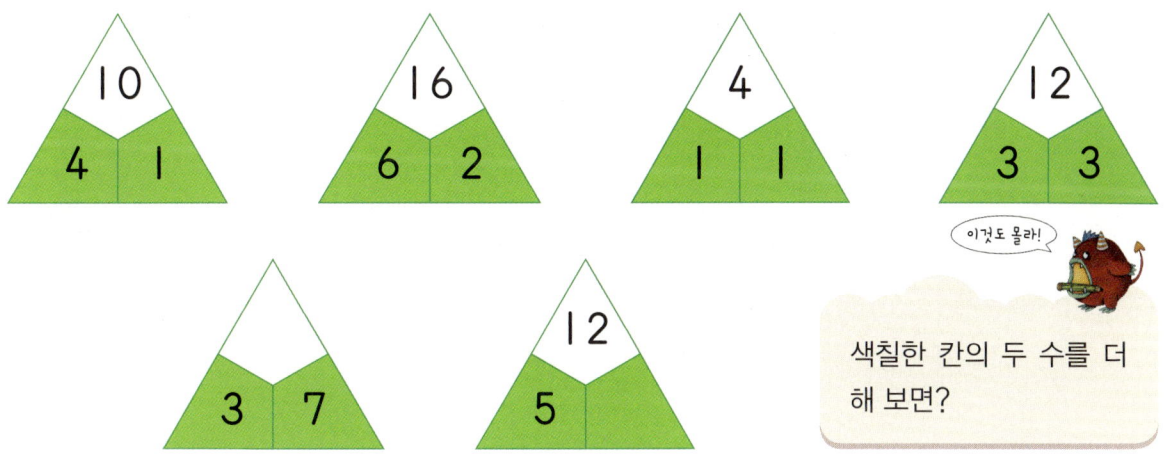

이것도 몰라!

색칠한 칸의 두 수를 더 해 보면?

[겹쳐진 색종이의 숫자]

2 겹쳐진 색종이에서 규칙을 찾아 ☐ 안에 알맞은 수를 써넣으시오.

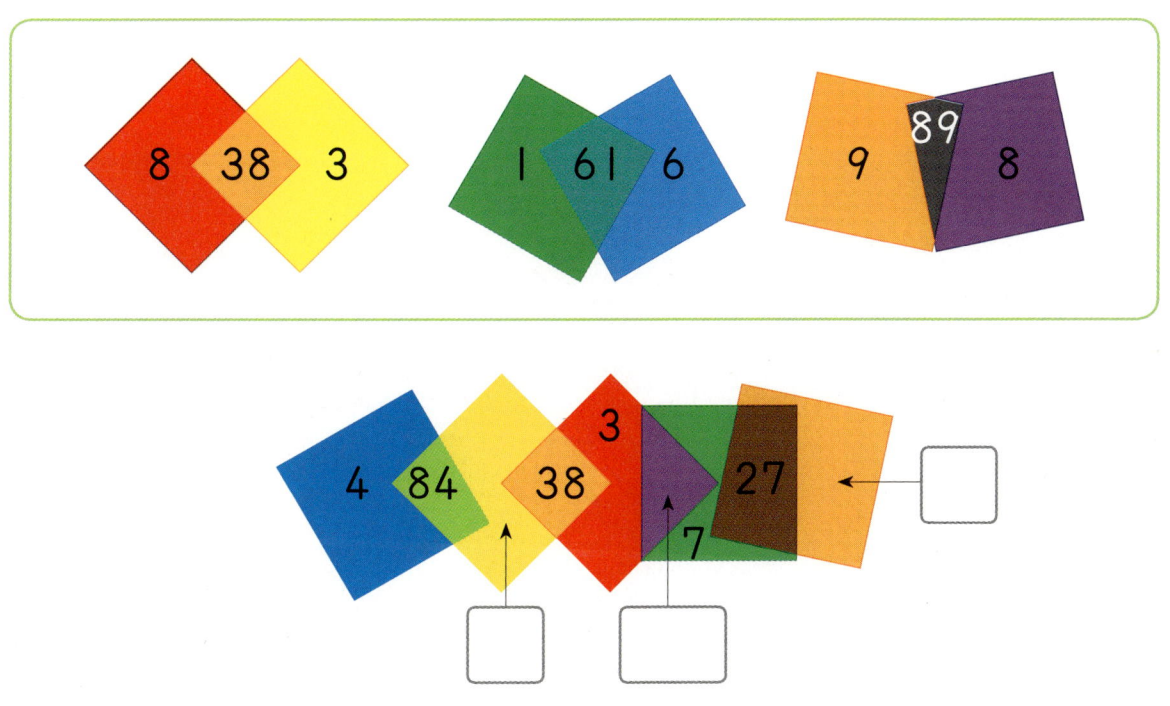

도형 약속

돌다리와 연꽃잎 위에 일정한 규칙에 따라 수가 있습니다.

규칙을 찾아 ㉠에 알맞은 수를 구하시오.

연꽃잎이 있던 자리에 연꽃이 피면서 돌다리의 수가 바뀌었습니다. 새로운 규칙을 찾아 ㉡에 알맞은 수를 구하시오.

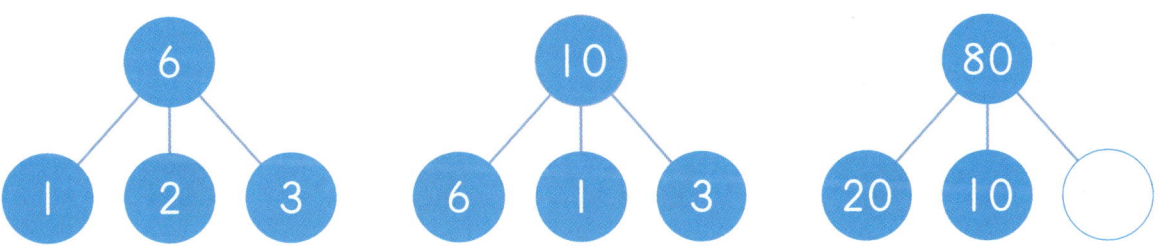

안에 있는 수의 규칙을 찾아 빈 곳에 알맞은 수를 쓰시오.

나뭇잎에 적힌 수의 규칙을 찾아 ☐ 안에 알맞은 수를 써넣으시오.

노크 포인트

도형에 있는 수의 위치, 색깔, 크기 등을 통해 수가 어떤 관계로 놓여 있는지 알 수 있습니다.

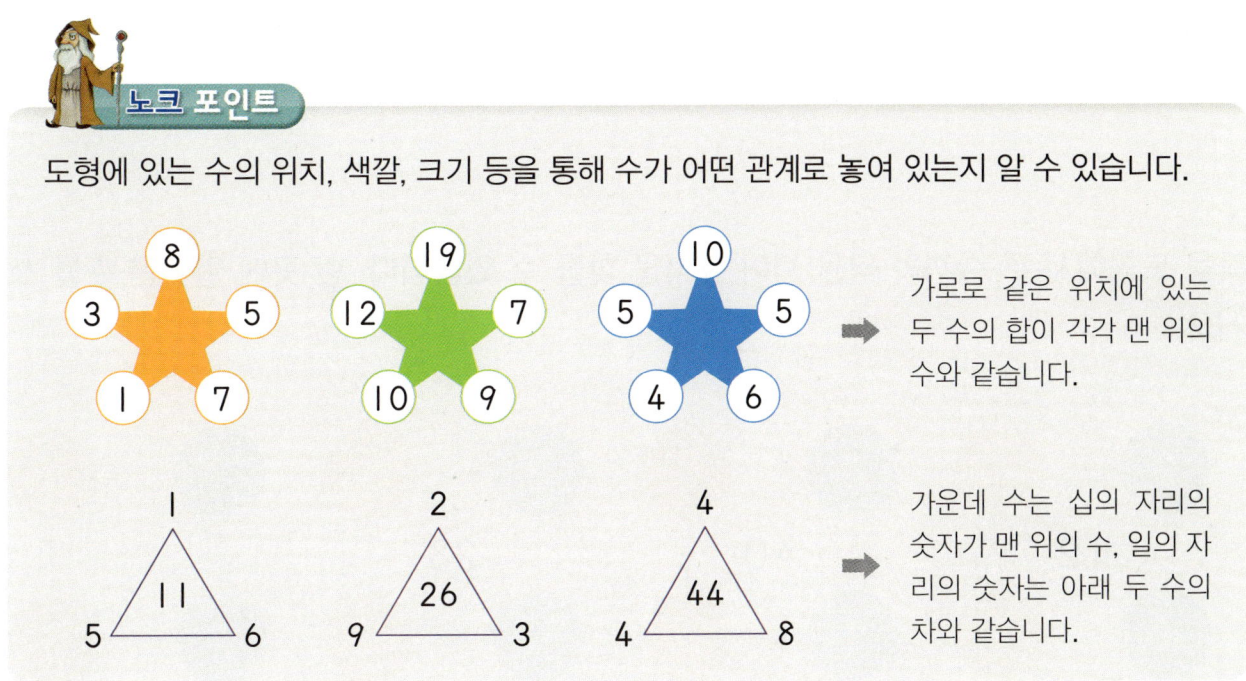

가로로 같은 위치에 있는 두 수의 합이 각각 맨 위의 수와 같습니다.

가운데 수는 십의 자리의 숫자가 맨 위의 수, 일의 자리의 숫자는 아래 두 수의 차와 같습니다.

짝지어 규칙 찾기

도형 안에 있는 수의 관계를 찾아 빈 곳에 알맞은 수를 구해 봅시다.

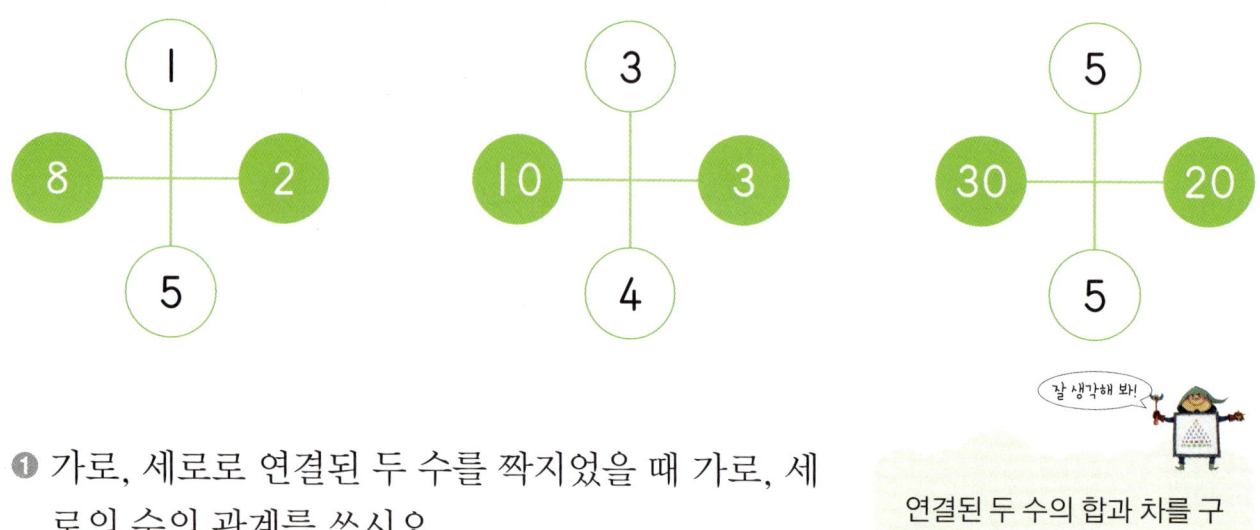

❶ 가로, 세로로 연결된 두 수를 짝지었을 때 가로, 세로의 수의 관계를 쓰시오.

연결된 두 수의 합과 차를 구해서 비교해 보렴.

❷ 같은 관계가 되도록 빈 곳에 알맞은 수를 써넣으시오.

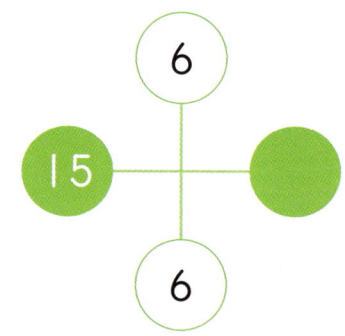

다음 도형에서 두 수끼리 짝을 지어 규칙을 찾을 수 있습니다. 빈 곳에 알맞은 수를 쓰시오.

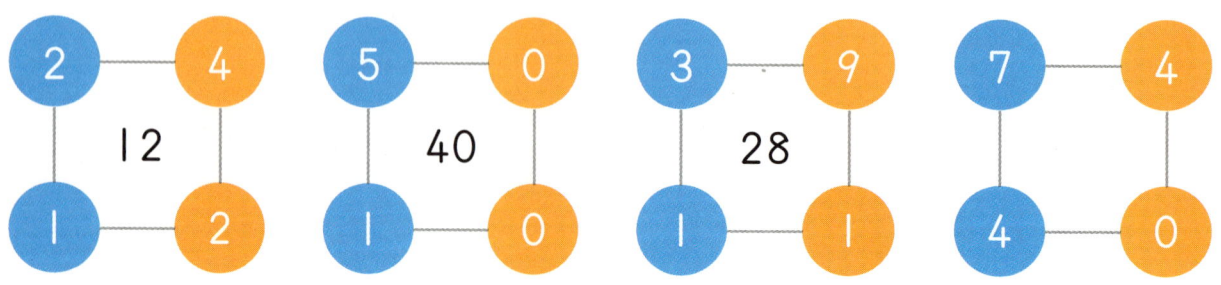

1 보기 와 같은 규칙에 따라 빈 곳에 알맞은 수를 쓰시오.

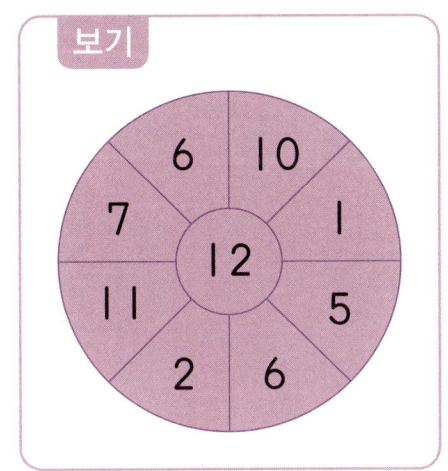

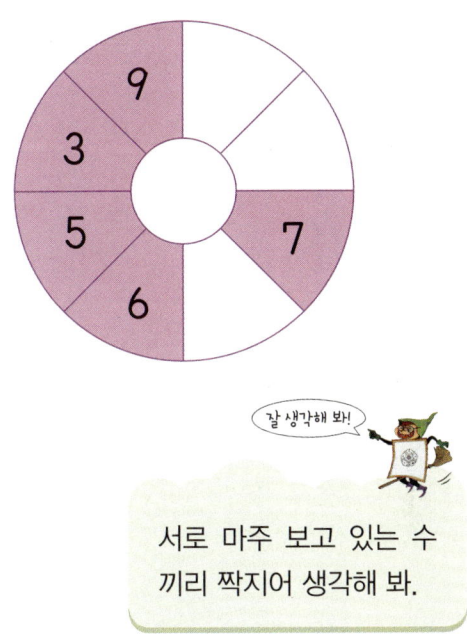

서로 마주 보고 있는 수
끼리 짝지어 생각해 봐.

[네모에 들어가는 수]

2 네모 안의 수의 규칙을 찾아 마지막 모양의 빈 곳에 알맞은 수를 쓰시오.

8	7
3	4

30	26
6	10

9	8
8	9

12	9
7	10

2	5
4	1

30	13
	20

도형 수 규칙

도형 안의 수들의 규칙을 찾아 빈 곳에 알맞은 수를 모두 구해 봅시다.

2		8		14		
3	6	9	12	15	㉠	㉡
4		10		16		

❶ 다음은 가운데 가로줄의 수를 순서대로 써 놓은 것입니다. 수의 규칙을 찾아 ㉠과 ㉡에 알맞은 수를 ▢ 안에 써넣으시오.

3   6   9   12   15   ㉠ [ ]   ㉡ [ ]

❷ 세로줄에 있는 세 수의 관계를 보고 설명해 보시오.

❸ 도형의 나머지 빈 곳에 들어갈 수를 모두 쓰시오.

[다른 규칙 찾기]

1 일정한 규칙에 따라 수를 쓴 것입니다. 규칙이 다른 하나를 찾아 기호를 쓰시오.

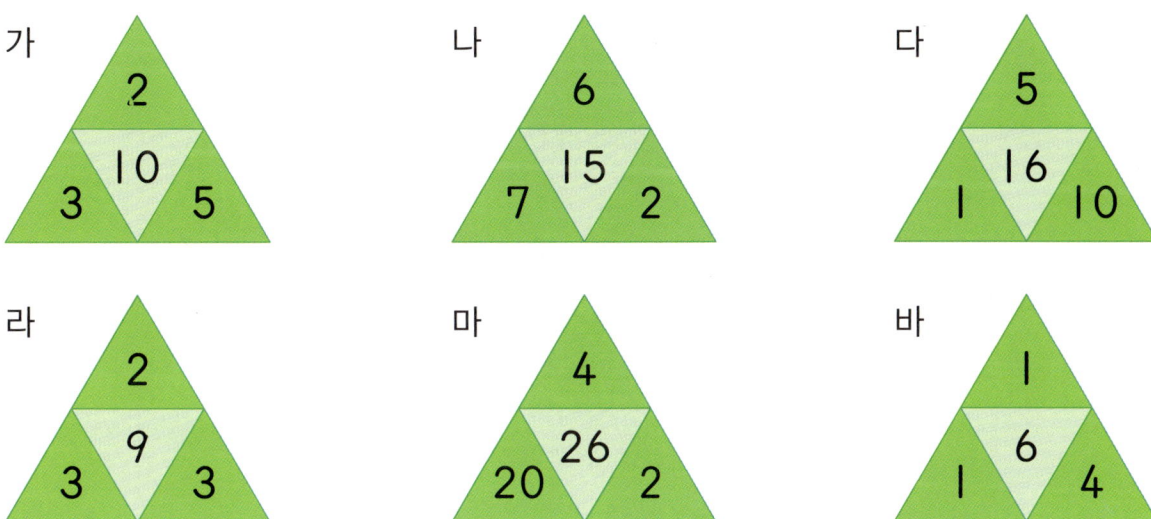

[빵 굽는 판]

2 빵 굽는 판 위의 수와 빵 위의 수 사이의 규칙을 찾아 마지막 빵 굽는 판 위의 수를 구하시오.

이것도 몰라!

십의 자리 숫자와 일의 자리 숫자에 각각 다른 규칙이 있어.

창의적 문제해결력

1 연산 기호 약속에 맞게 계산하여 ☐ 안에 알맞은 수를 써넣으시오.

$$50 ♪ 20 = 30 \qquad 15 ♩ = 20$$
$$23 ♪ 13 = 10 \qquad 42 ♩ = 47$$
$$15 ♪ 8 \ = 7 \qquad 31 ♩ = 36$$

33♩ ♪ 25♩ = ☐

2 보기 와 같은 규칙에 따라 빈 곳에 알맞은 수를 써넣으시오.

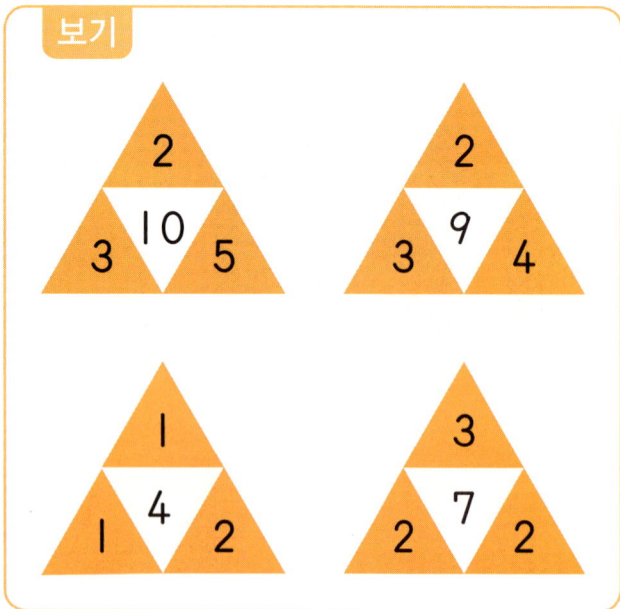

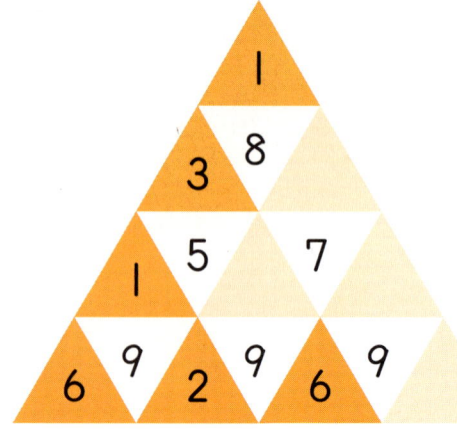

3 수를 다음과 같은 규칙으로 써넣을 때, ㉠에 알맞은 수를 구하시오.

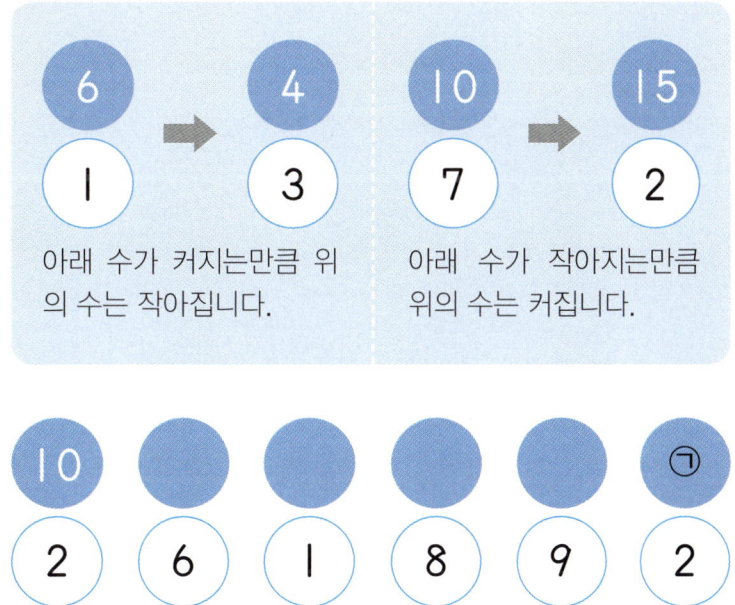

아래 수가 커지는만큼 위의 수는 작아집니다.

아래 수가 작아지는만큼 위의 수는 커집니다.

4 다음은 일정한 규칙으로 도미노를 연결한 것입니다. 규칙을 찾아 빈 곳에 알맞은 도미노를 그려 보시오. 단, 한 번 사용한 도미노는 다시 연결할 수 없습니다.

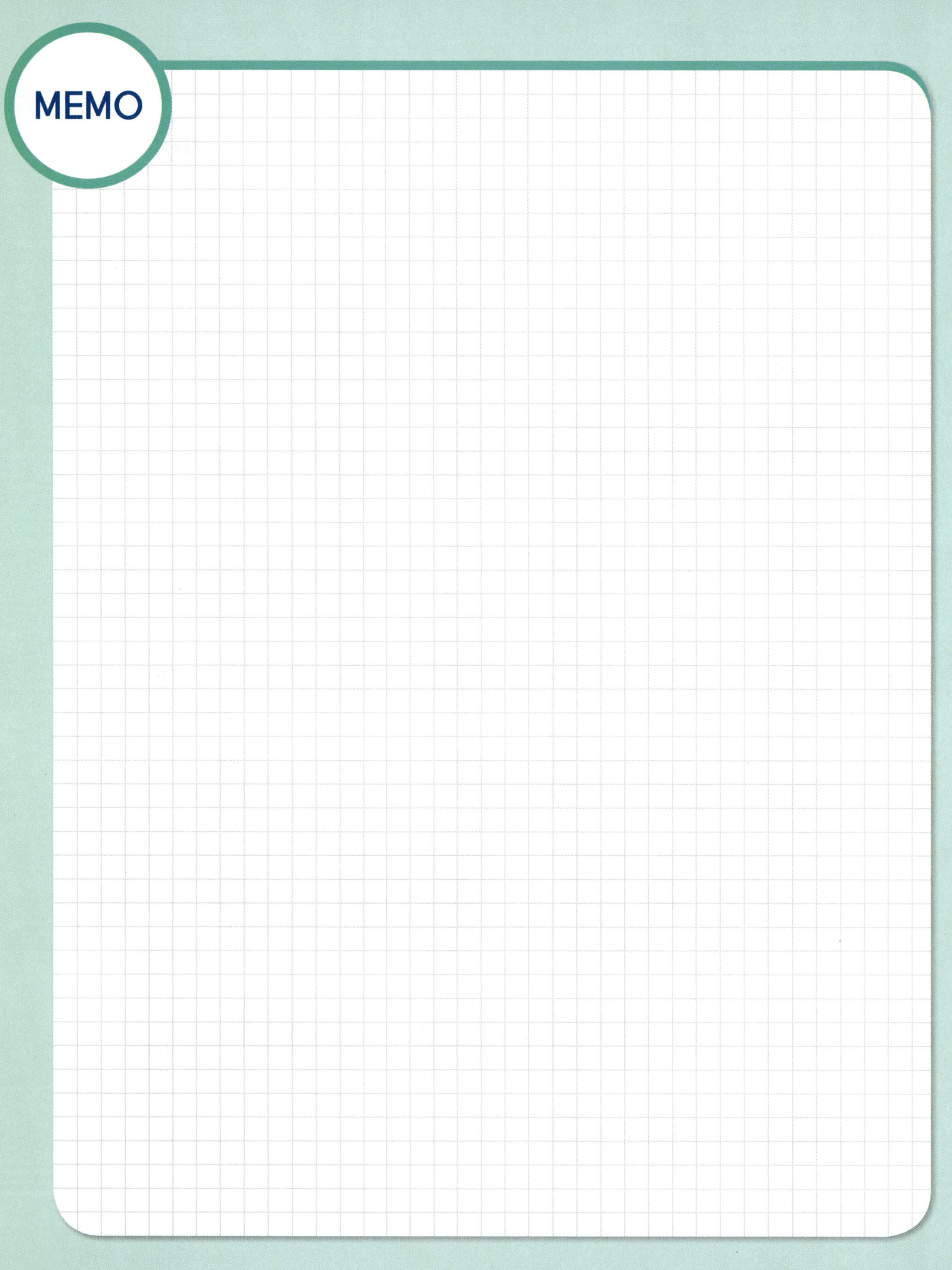

MEMO

68쪽에 사용하세요.

70쪽에 사용하세요.

73쪽에 사용하세요.

정답및 해설

규칙

A6
(8~9세)

MEMO

MEMO

MEMO

도형 수 규칙

92
·
93

도형 안의 수들의 규칙을 찾아 빈 곳에 알맞은 수를 모두 구해 봅시다.

2	8	14	20
3 6	9 12	15 ㉠18	21
4	10	16	22

❶ 다음은 가운데 가로줄의 수를 순서대로 써 놓은 것입니다. 수의 규칙을 찾아 ㉠과 ㉡에 알맞은 수를 □ 안에 써넣으시오.

3 6 9 12 15 ㉠18 ㉡21

3씩 커지고 있습니다.

❷ 세로줄에 있는 세 수의 관계를 보고 설명해 보시오.
예) 위쪽 수는 가운데 수보다 1 작고
아래쪽 수는 가운데 수보다 1 큽니다.

❸ 도형의 나머지 빈 곳에 들어갈 수를 모두 쓰시오.

[다른 규칙 찾기]
1 일정한 규칙에 따라 수를 쓴 것입니다. 규칙이 다른 하나를 찾아 기호를 쓰시오. 라

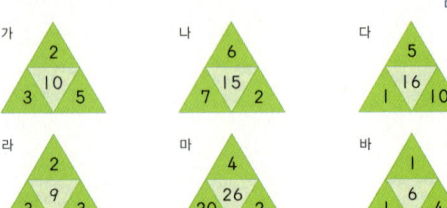

가: 2, 10, 3, 5 나: 6, 15, 7, 2 다: 5, 16, 10
라: 2, 9, 3, 3 마: 4, 26, 20, 6 바: 1, 7, 6, 4

가, 나, 다, 마, 바는 위, 왼쪽, 오른쪽 수의 합이 가운데 수가 되는 규칙입니다.

[빵 굽는 판]
2 빵 굽는 판 위의 수와 빵 위의 수 사이의 규칙을 찾아 마지막 빵 굽는 판 위의 수를 구하시오. 27

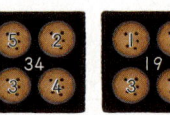   

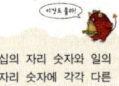

왼쪽 빵 위의 두 숫자 중 작은 숫자를 십의 자리로, 오른쪽 빵 위의 두 숫자 중 큰 숫자를 일의 자리로 하는 두 자리 수가 빵 굽는 판 위의 수입니다.

십의 자리 숫자와 일의 자리 숫자에 각각 다른 규칙이 있어.

창의적 문제해결력

94
·
95

1 연산 기호 약속에 맞게 계산하여 □ 안에 알맞은 수를 써넣으시오.

50♪20=30	15♩20
23♪13=10	42♩47
15♪8 =7	31♩36

33♩ ♪25 = 8

♪는 앞의 수에서 뒤의 수를 뺀 값을 말하고, ♩는 앞의 수에 5를 더한 수를 말합니다.
33♩=33+5=38, 25♩=25+5=30, 38♪30=38-30=8

2 보기와 같은 규칙에 따라 빈 곳에 알맞은 수를 써넣으시오.

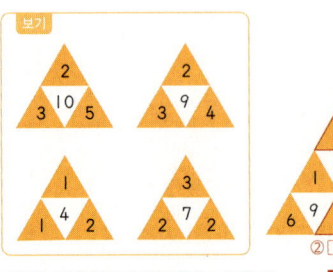

①1+3+□=8 →□=4
③4+1+□=7 →□=2
②□+2+6=9 →□=1
④2+6+□=9 →□=1

색칠한 수들을 모두 더하면 가운데 수가 됩니다.

동영상 특강
QR 코드를 찍어 보세요!

3 수를 다음과 같은 규칙으로 써넣을 때, ㉠에 알맞은 수를 구하시오. 10

아래 수가 커지는만큼 위의 수는 작아집니다.
아래 수가 작아지는만큼 위의 수는 커집니다.

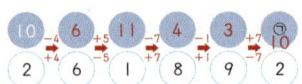

4 다음은 일정한 규칙으로 도미노를 연결한 것입니다. 규칙을 찾아 빈 곳에 알맞은 도미노를 그려 보시오. 단, 한 번 사용한 도미노는 다시 연결할 수 없습니다.

앞의 도미노 두 수의 차

는 한 번 사용했으므로

가 들어가야 합니다.

12 도형 약속

돌다리와 연꽃잎 위에 일정한 규칙에 따라 수가 있습니다.

규칙을 찾아 ㉠에 알맞은 수를 구하시오. **13**

돌다리와 이웃한 연꽃잎 위의 두 수의 합이 돌다리 위의 수가 됩니다.

연꽃잎이 있던 자리에 연꽃이 피면서 돌다리의 수가 바뀌었습니다. 새로운 규칙을 찾아 ㉡에 알맞은 수를 구하시오. **5**

돌다리와 이웃한 연꽃 위의 두 수의 차가 돌다리 위의 수가 됩니다.

⬤ ⬤ 안에 있는 수의 규칙을 찾아 빈 곳에 알맞은 수를 쓰시오.

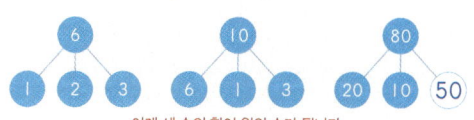

아래 세 수의 합이 위의 수가 됩니다.

⬤ 나뭇잎에 적힌 수의 규칙을 찾아 ☐ 안에 알맞은 수를 써넣으시오.

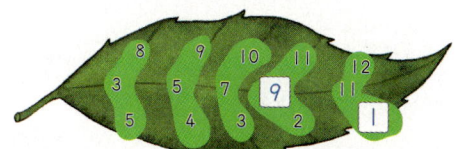

위, 아래 두 수의 차가 가운데 수가 됩니다.

포인트

도형에 있는 수의 위치, 색깔, 크기 등을 통해 수가 어떤 관계로 놓여 있는지 알 수 있습니다.

가로로 같은 위치에 있는 두 수의 합이 각각 맨 위의 수와 같습니다.

가운데 수는 십의 자리의 숫자가 맨 위의 수, 일의 자리의 숫자는 아래 두 수의 차와 같습니다.

🔨 짝지어 규칙 찾기

도형 안에 있는 수의 관계를 찾아 빈 곳에 알맞은 수를 구해 봅시다.

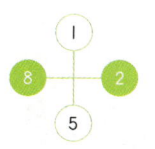 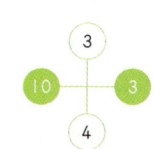 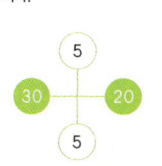

❶ 가로, 세로로 연결된 두 수를 짝지었을 때 가로, 세로의 수의 관계를 쓰시오.

가로로 놓인 수 중 왼쪽 수에서 오른쪽 수를 뺀 값이 세로로 놓인 두 수의 합과 같습니다.

❷ 같은 관계가 되도록 빈 곳에 알맞은 수를 써넣으시오.

연결된 두 수의 합과 차를 구해서 비교해 보렴.

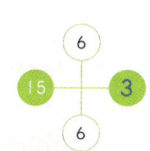

다음 도형에서 두 수끼리 짝을 지어 규칙을 찾을 수 있습니다. 빈 곳에 알맞은 수를 쓰시오.

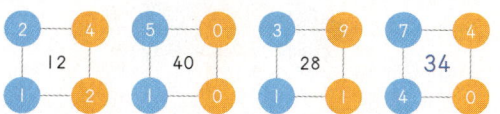

가운데 수는 ● 안에 있는 두 수의 차가 십의 자리 숫자, ● 안에 있는 두 수의 차가 일

의 자리 숫자인 수입니다.

[도형 안의 수]

1 보기와 같은 규칙에 따라 빈 곳에 알맞은 수를 쓰시오.

 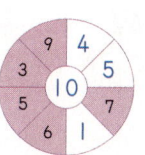

서로 마주 보고 있는 수들의 합이 가운데 수가 됩니다.
3+7=☐10
9+☐=10→☐=1,
5+☐=10→☐=5,
6+☐=10→☐=4

서로 마주 보고 있는 수끼리 짝지어 생각해 봐.

[네모에 들어가는 수]

2 네모 안의 수의 규칙을 찾아 마지막 모양의 빈 곳에 알맞은 수를 쓰시오.

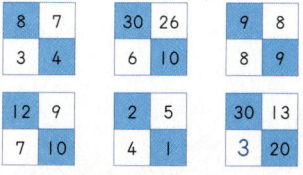

색칠한 칸의 수 중 위의 수에서 아래의 수를 뺀 값이 색칠하지 않은 칸의 수 중 위의 수에서 아래의 수를 뺀 값과 같습니다.
30-20=10
13-☐=10→☐=3

---

20 A6 규칙

🐾 기호의 약속

수가 바뀌는 기호의 약속을 찾아 ☐ 안에 알맞은 수를 구해 봅시다.

$1 ▲ = 2$	$8 ▼ = 4$
$3 ▲ = 6$	$2 ▼ = 1$
$5 ▲ = 10$	$4 ▼ = 2$
$6 ▲ = \boxed{12}$	$10 ▼ = \boxed{5}$

❶ 기호 ▲ 와 ▼ 는 어떤 약속입니까?

**▲ 는 왼쪽 수의 2배가 오른쪽 수가 되고,
▼ 는 왼쪽 수의 반이 오른쪽 수가 됩니다.**

내 마술 방망이는 나쁜 것은 2배로, 좋은 것은 반으로 만들어 버리지.

❷ 위의 ☐ 안에 알맞은 수를 쓰시오.

각 기호의 약속을 찾아 ☐ 안에 알맞은 수를 써넣으시오.

$3 ◆ 6 = 9$	$3 ● 7 = 4$
$20 ◆ 8 = 28$	$80 ● 20 = 60$
$15 ◆ 4 = 19$	$1 ● 15 = 14$

$$14 ◆ 23 = \boxed{37} \qquad 56 ● 11 = \boxed{45}$$

◆ 는 두 수의 합, ● 는 두 수의 차를 말합니다.

84 A6 규칙

[답이 잘못된 식]

1 ■ 의 약속을 정하였는데 답을 잘못 적은 식이 하나 있습니다. 답이 잘못된 식의 기호를 쓰시오. (㉢)

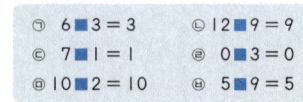

나는 큰 게 좋은데 꼭 작은 것만 걸린당 말이야.

㉠ $6 ■ 3 = 3$	㉡ $12 ■ 9 = 9$
㉢ $7 ■ 1 = 1$	㉣ $0 ■ 3 = 0$
㉤ $10 ■ 2 = 10$	㉥ $5 ■ 9 = 5$

■ 는 두 수 중 작은 수를 말합니다.

[약속에 맞게 계산하기]

2 기호의 약속을 찾아 ☐ 안에 알맞은 수를 써넣으시오.

$3 ♥ = 7$	$1 ♣ 3 = 8$
$4 ♥ = 9$	$5 ♣ 3 = 16$
$7 ♥ = 15$	$4 ♣ 1 = 10$

$$5 ♥ = \boxed{11}$$
$$5 ♣ 1 = \boxed{12}$$

**♥ 는 앞의 수를 두 번 더한 값에 1을 더하는 것을 말하고,
♣ 는 두 수의 합에 두 수의 합을 더하는 것을 말합니다.**

계산 결과가 커질 때에는 덧셈을 생각해 봐야지.

Chapter 4 약속 85

🐾 세모나라 수의 약속

세모나라 사람들의 얼굴에 적힌 세 수의 관계를 찾아 빈 곳에 알맞은 수를 구해 봅시다.

❶ 모자에 있는 수는 양쪽의 두 수와 어떤 관계가 있습니까?

모자의 수는 양쪽의 두 수의 합보다 1 큰 수입니다.

❷ 세 수의 관계에 따라 모자에 알맞은 수를 구하시오. **8**

$3 + 4 = 7, 7 + 1 = 8$

세모나라에는 접시에도 3개의 수가 있습니다. 수 사이의 관계를 찾아 ☐ 안에 알맞은 수를 쓰시오.

두 수의 차에 두 수의 차를 더하였습니다.

$4 - 3 = 1, 1 + 1 = 2$

86 A6 규칙

[세 수의 관계]

1 세 수 사이의 규칙을 찾아 다음 세모의 빈 곳에 알맞은 수를 쓰시오.

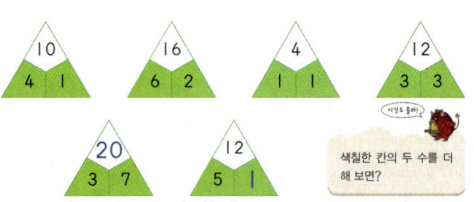

색칠한 칸의 두 수를 더해 보면?

색칠한 칸의 두 수의 합에 색칠한 칸의 두 수의 합을 더하였습니다.

$3 + 7 = 10, 10 + 10 = 20$
$12 = 6 + 6, 5 + \boxed{} = 6 → \boxed{} = 1$

[겹쳐진 색종이의 숫자]

2 겹쳐진 색종이에서 규칙을 찾아 ☐ 안에 알맞은 수를 써넣으시오.

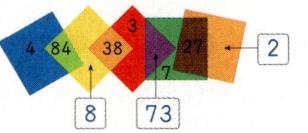

**겹쳐진 곳의 수는 오른쪽 숫자를 십의 자리로,
왼쪽 숫자를 일의 자리로 한 수입니다.**

Chapter 4 약속 87

정답 및 해설 **19**

🐗 도미노 퍼즐

태경이는 일정한 규칙에 따라 도미노 4개를 이어 놓았습니다. 도미노를 이은 규칙을 찾아 다른 도미노를 이어 봅시다.

같은 수

❶ 위 4개의 도미노 맨 오른쪽에 규칙에 맞게 놓을 수 있는 도미노의 기호를 쓰시오. 다

가  나 (도미노) 다

❷ 초이는 태경이가 놓은 도미노 아래에 새로운 규칙으로 도미노를 놓았습니다. 초이가 놓은 도미노의 규칙을 쓰시오.

도미노의 왼쪽은 파란색 도미노 두 눈의 합, 오른쪽은 두 눈의 차와 같습니다.

도미노의 왼쪽 칸과 오른쪽 칸의 규칙이 다르다는 걸 알아냈겠지?

❸ 초이의 규칙에 맞게 네 번째에 놓을 도미노를 그려 보시오.

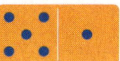

80 A6 규칙

[규칙에 맞는 도미노]

1 다음은 일정한 규칙에 따라 9점 도미노를 놓은 것입니다. 빈 곳에 들어가는 두 점의 수의 합을 구하시오. 10

같은 수 같은 수 같은 수 같은 수

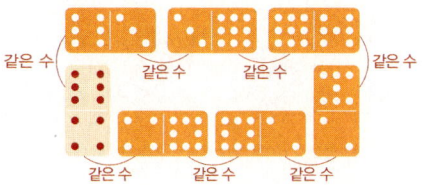

같은 수 같은 수 같은 수

[도미노 연산 퍼즐]

2 다음 도미노를 놓은 규칙을 찾아 빈 곳에 알맞게 점을 그리시오.

 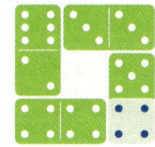

왼쪽은 가로와 세로의 세 칸에 점이 10개씩 있습니다.
오른쪽은 가로와 세로의 세 칸에 점이 12개씩 있습니다.

가로와 세로의 세 칸에 점이 몇 개씩 있는 거지?

Chapter 4 약속 81

---

⑪ 연산 약속

10원짜리 동전과 황금색 색종이를 넣어두면 금화가 나오는 요술 항아리가 있습니다.

금화 나와라, 뚝딱!

10원짜리 동전과 황금색 색종이를 넣었을 때 나오는 금화의 수를 구하시오.

3 개   2 개

동전과 황금색 색종이 중 더 적은 수만큼 금화가 나옵니다.

🟢 🟩 모양에서는 번호가 가장 큰 공을, 🟡 모양에서는 번호가 가장 작은 공을 꺼내기로 했습니다. 각각의 모양에서 꺼내야 하는 공의 수를 ☐ 안에 쓰시오.

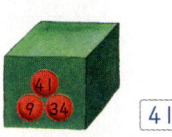

41   8

41>34>9   8<13<21

🟢 ♠ 모양은 ♠ 앞뒤에 있는 수를 더하기로 약속하였습니다. ☐ 안에 알맞은 수를 쓰시오.

2 ♠ 15 = 17   10 ♠ 20 = 30

2+15=17   10+20=30

🧙 노크 포인트

수를 바꾸거나 수끼리 계산하는 약속을 찾고, 약속한 방법을 다른 수에 적용할 수 있습니다.

모자에 들어갔다 나오면 6이 커집니다.   카드에 적힌 두 수의 차를 구합니다.

42 🎩 48   35 20 ➡ 15

42+6=48   35-20=15

연산 약속을 기호나 모양으로 정해서 나타낼 수 있습니다.

◆는 수의 십의 자리 숫자와 일의 자리 숫자를 바꾼 수를 말합니다.

45 ◆ = 54

◎는 두 수를 더한 값을 말합니다.

36 ◎ 3 = 39

Chapter 4 약속 83

---

18   A6 규칙

약속

  **10 도미노 규칙**

크기가 같은 네모 2개를 붙인 모양을 도미노라고 합니다.

도미노는 내가 좋아하는 피자야. 먹고 싶다.

도미노는 한 줄로 세워놓고 쓰러뜨리는 내가 좋아하는 장난감인데…….

주사위 눈처럼 0에서 6까지의 눈을 그려 놓은 도미노를 식스 도미노라고 합니다. 0은 눈 없이 빈칸으로 나타냅니다.

(0, 1)

눈의 위치를 서로 바꾼 도미노는 하나의 도미노로 봅니다.

＝

두 칸에 있는 점의 수의 합이 6인 도미노를 모두 그려 보시오.

다음 도미노의 규칙을 알아보시오. **점의 수의 차가 3인 도미노**

ⓞ 두 도미노를 보고 □ 안에 알맞은 수를 써넣으시오.

· 도미노에 있는 점의 수 중 가장 큰 수는 ⑤ 입니다.

· 도미노에 있는 점의 수 중 가장 적은 수는 ① 입니다.

· 아래 도미노는 두 점의 수의 합은 ④ 입니다.

노트 포인트

도미노는 한 칸에 들어가는 점이 최대 6개인 '6점 도미노'와 최대 9개인 '9점 도미노'가 있습니다.

6점 도미노   9점 도미노

여러 가지 규칙에 맞는 도미노를 찾을 수 있습니다.

2+5=7   3+4=7   8-3=5   5-0=5

두 눈의 합이 7   두 눈의 차가 5

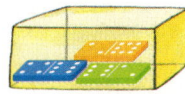 **도미노 모으기**

초이는 세 가지 규칙에 맞는 9점 도미노를 상자에 모으고 있습니다. 그런데 초이가 만든 규칙을 적어 놓은 종이의 일부가 찢어져 보이지 않습니다.

1. 모두 점이 그려져 있습니다.
2. 양쪽의 점의 수가 서로 다릅니다.
3. 수가 모두

초이가 모아 놓은 도미노에서 규칙을 찾아 상자에 들어갈 수 있는 다른 도미노를 찾아 봅시다.

❶ 초이가 정한 세 번째 규칙을 찾아 쓰시오.

수가 모두 짝수입니다.

점의 수가 1, 3, 5, 7, 9가 없어.

❷ 다음 도미노 중 위의 상자에 들어갈 수 있는 도미노에 ○표 하시오.

❸ 다음 도미노 중 위의 상자에 들어갈 수 없는 도미노에 ○표 하시오.

[공통점 찾기]

1 공통점이 있는 6점 도미노끼리 모아 놓았습니다. 묶음 안의 도미노의 공통점을 찾아 빈 도미노 칸에 알맞게 점을 그리시오. 단, 점은 최대 6개까지 있습니다.

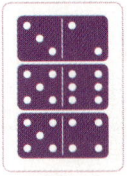  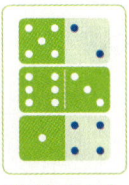

1씩 차이나는 도미노   2씩 차이나는 도미노   3씩 차이나는 도미노

[바꿔 놓은 도미노]

2 지오는 공통점이 있는 도미노를 모아 놓았는데 동생이 몰래 도미노 하나를 바꿔 놓았습니다. 바꾼 도미노를 찾아 ○표 하시오.

바꾼 도미노가 뭘까?

두 눈의 합이 7인 공통점이 있습니다.

🐷 이삿짐 상자

아인이네 집은 이사를 하면서 다음과 같은 규칙으로 이삿짐 상자를 쌓았습니다. 쌓은 규칙을 보고 남는 상자의 수를 구해 봅시다.

❶ 상자를 쌓은 모양을 보고 표의 빈칸에 상자의 수와 크기를 모두 써넣으시오.

모양									
개수	2	1	2	1	2	1	2	1	2
크기	크다	작다	크다	크다	작다	크다	크다	작다	크다

❷ ❶의 규칙으로 상자를 쌓았더니 오른쪽 상자들이 남았습니다. ❶에 이어서 남은 상자를 규칙에 맞게 스티커를 사용하여 쌓으시오.

🟢 준비물 상자 스티커

남은 상자

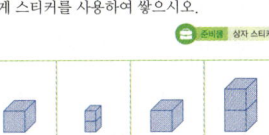

규칙에 맞게 상자를 더 쌓으면 큰 상자 4개, 작은 상자 2개를 사용합니다.

❸ ❷의 남은 상자 중에서 규칙에 맞게 쌓을 수 없는 상자는 각각 몇 개입니까?

 : 3 개   : 0 개

---

1 [카드 이중패턴]
규칙에 따라 카드를 늘어놓은 다음, 한 장의 카드를 뒤집었습니다. 뒤집어 놓은 카드를 찾아 ○표 하시오.

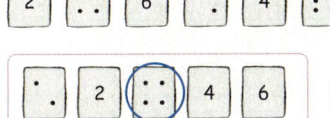

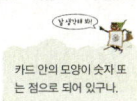
카드 안의 모양이 숫자 또는 점으로 되어 있구나.

모양 규칙: 숫자 – 점
수 규칙: 2 – 4 – 6

2 [이중패턴 미로]
규칙에 맞게 고양이가 생선까지 가는 길을 이어 보시오.

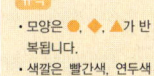
규칙
• 모양은 🔴, ◆, ▲가 반복됩니다.
• 색깔은 빨간색, 연두색이 반복됩니다.

👧 창의적 문제해결력

1 규칙을 찾아 마지막 공 안에 들어가는 수를 구하시오.

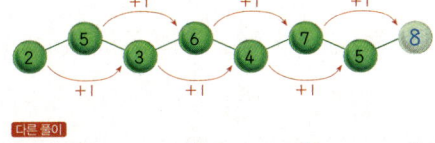

다른 풀이

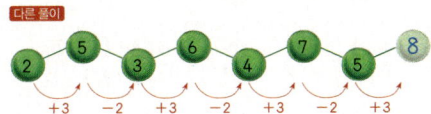

2 우산을 든 네 사람 중 두 사람이 서로 자리를 바꾸면 우산의 색깔이 오른쪽으로 한 칸씩 움직이는 패턴이 됩니다. 자리를 바꾸어야 하는 두 사람은 누구누구입니까? 초이, 아인

태경   초이   아인   지오

초이와 아인이가 서로 자리를 바꾸면 다음 패턴이 완성됩니다.

📍 동영상 특강
QR 코드를 찍어 보세요!!

3 얼굴의 규칙을 보고 마지막에 알맞은 얼굴을 그리오.

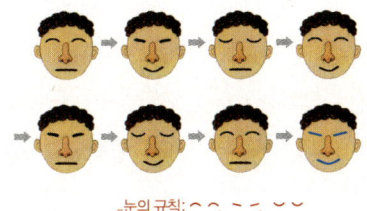

눈의 규칙: ^ ^, ˇ ˇ, ˇ ˇ
입의 규칙: —, ﹀

4 다음 세 가지 규칙을 모두 만족하는 패턴을 스티커를 사용하여 만들어 보시오.

🟢 준비물 ♡ ☆ △ 스티커

㉠ 모양은 ♡, ☆, △가 반복됩니다.
㉡ 크기는 작은 것, 큰 것이 반복됩니다.
㉢ 개수는 2개, 1개가 반복됩니다.

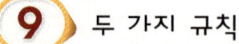
9 두 가지 규칙

66
67

의상 디자이너인 지오의 이모는 새로운 옷감 패턴을 만들었습니다. 지오는 이모가 만든 패턴의 규칙이 궁금했습니다.

가로줄의 규칙을 찾아봐야겠어.

옷감 패턴의 첫 번째 가로줄을 보고 크기와 색깔의 규칙을 쓰시오.

크기 규칙: 크다 - 작다 - 크다 - 작다 - 크다 - 작다

색깔 규칙: 노란색 - 초록색 - 파란색 - 노란색 - 초록색 - 파란색

규칙에 따라 빈 곳에 들어갈 수 있는 모양의 크기와 색깔을 쓰시오. 작다, 파란색

66 A6 규칙

두 가지 패턴의 마디를 찾아 차례대로 쓰시오.

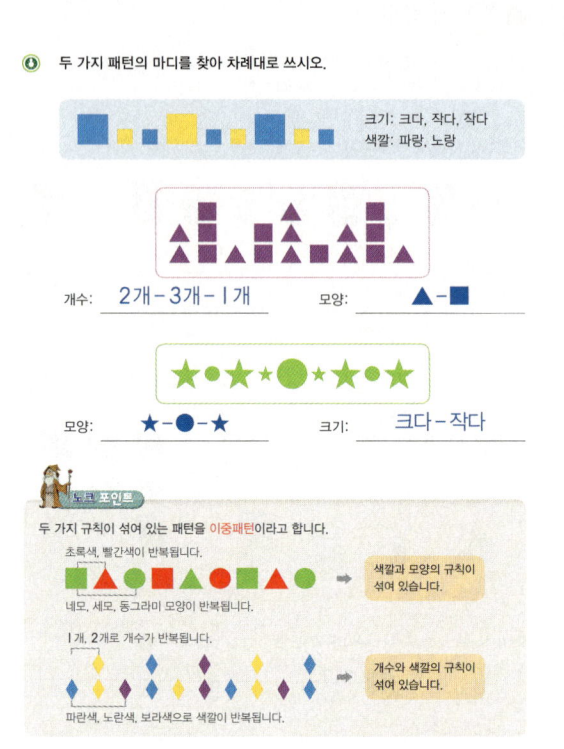

크기: 크다, 작다, 작다
색깔: 파랑, 노랑

개수: 2개 - 3개 - 1개   모양: ▲ - ■

모양: ★ - ● - ★   크기: 크다 - 작다

퇴즈 포인트

두 가지 규칙이 섞여 있는 패턴을 이중패턴이라고 합니다.

초록색, 빨간색이 반복됩니다.

■▲●■▲●■▲● → 색깔과 모양의 규칙이 섞여 있습니다.

네모, 세모, 동그라미 모양이 반복됩니다.

1개, 2개로 개수가 반복됩니다.

→ 개수와 색깔의 규칙이 섞여 있습니다.

파란색, 노란색, 보라색으로 색깔이 반복됩니다.

Chapter 3 증감과 반전 67

이중패턴 만들기

68
69

가, 나, 다 세 개의 패턴이 있습니다. 이 중 두 패턴을 합쳐서 새로운 패턴을 만들어 봅시다.

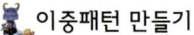

❶ 가와 나 패턴이 합쳐진 이중패턴을 만들려고 합니다. 스티커를 사용하여 다음 패턴을 완성하시오.

준비물 ♡.♥.☆.★ 스티커

모양 규칙: ♡ - ☆
개수 규칙: 1개 - 3개 - 2개

❷ 같은 방법으로 가와 다 패턴이 합쳐진 이중패턴을 스티커를 사용하여 만들어 보시오.

준비물 ♡.♥.☆.★ 스티커

모양 규칙: ♡ - ☆
색깔 규칙: 색칠함 - 색칠 안 함 - 색칠함

68 A6 규칙

[글자 이중패턴]

1 규칙을 찾아 맨 오른쪽 글자 다음에 올 글자로 알맞은 것의 기호를 쓰시오. 다

일요일일요일일요일일

가 요   나 일   다 요   라 일

글자 규칙: 일 - 요 - 일
색깔 규칙: 빨간색 - 노란색 - 초록색 - 파란색

[이중패턴의 모양]

2 규칙을 찾아 빈 곳에 알맞은 모양을 그려 넣으시오.

큰 모양 규칙: □ - ○
작은 모양 규칙: △ - □ - ○

모양만 바뀌는 것 같은데 이중패턴이라고? 모양에 2가지 규칙이 있나?

Chapter 3 증감과 반전 69

정답 및 해설 **15**

깜빡깜빡 전광판

분식점 전광판의 불이 들어오는 곳이 일정한 규칙으로 계속 바뀝니다. 불이 들어오는 규칙을 찾아 다음에 어느 곳의 불이 들어올지 알아봅시다.

❶ 오른쪽과 같이 번호를 정할 때, '바삭한 튀김' 칸이 움직이는 순서를 번호로 나타내시오.

❷ '매운 떡볶이' 칸이 움직이는 순서를 번호로 나타내시오.

❸ 마지막 모양 다음 차례의 전광판 2개를 규칙에 맞게 색칠하여 완성하시오.

[색칠한 칸의 규칙]
1 규칙을 찾아 중간에 비어 있는 모양을 모두 색칠하여 완성하시오.

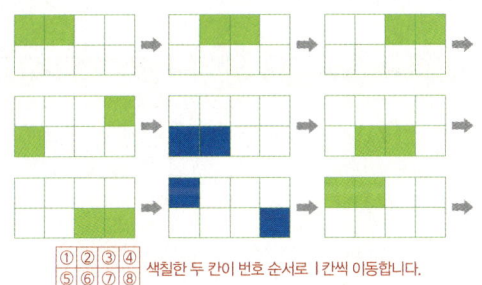

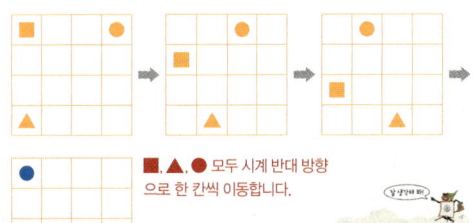

①②③④ 색칠한 두 칸이 번호 순서로 1칸씩 이동합니다.
⑤⑥⑦⑧

[따로 이동하는 모양]
2 모양이 이동하는 규칙을 찾아 마지막 그림을 완성하시오.

■, ▲, ● 모두 시계 반대 방향으로 한 칸씩 이동합니다.

각 모양의 규칙을 따로 생각해 봐.

켜지고 꺼진 규칙

다음과 같은 규칙으로 초 6개의 불이 켜지거나 꺼집니다. 규칙을 찾아 나머지 두 곳의 초는 어떻게 될지 알아봅시다.

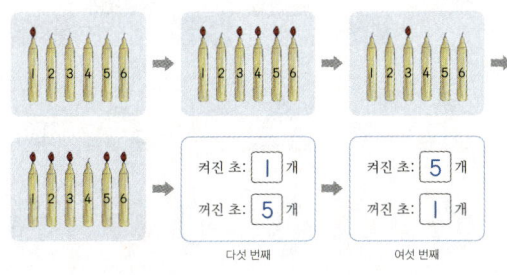

커진 초 1 개   커진 초 5 개
꺼진 초 5 개   꺼진 초 1 개
다섯 번째   여섯 번째

❶ 다섯 번째와 여섯 번째에 있는 켜진 초와 꺼진 초의 수를 □ 안에 각각 쓰시오.

❷ 초 6개 중 1개의 초만 켜지거나 꺼져 있습니다. 켜지거나 꺼진 1개의 초의 번호를 쓰시오.

1 2 3 4 5 6
첫 번째 두 번째 세 번째 네 번째 다섯 번째 여섯 번째

❸ 다섯 번째와 여섯 번째에 켜진 초를 알맞게 그리시오.

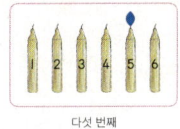 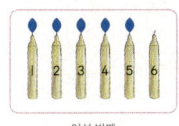
다섯 번째   여섯 번째

[패턴 색칠하기]
1 규칙을 찾아 세 번째 모양을 알맞게 색칠하시오.

위에서 아래로 내려가면서 한 줄을 색칠하거나, 한 줄을 색칠하지 않는 규칙입니다.

[바둑돌 패턴]
2 흰색과 검은색 바둑돌을 놓은 규칙을 찾아 다섯 번째 모양을 그리시오.

  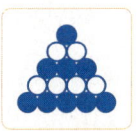

검은색과 흰색 바둑돌의 위치가 번갈아 가며 바뀌고 있어!

14 A6 규칙

운동복의 수

축구부 선수들의 운동복이 다음과 같은 규칙으로 빨랫줄에 널려 있습니다. 맨 오른쪽 운동복의 수를 알아봅시다.

❶ □ 안에 알맞은 수를 써넣으시오.

❷ 맨 오른쪽 운동복의 수를 구하시오. 16

운동복을 빨랫줄에 새로운 규칙으로 널어 놓을 때, 한 벌이 규칙에 맞지 않게 널려 있습니다. 규칙에 맞지 않는 운동복의 기호를 쓰시오. ㉢

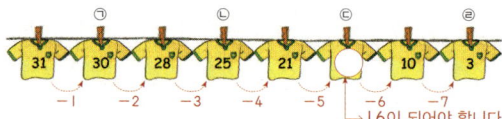

→ 16이 되어야 합니다.

[마지막에 말한 수]

1 태경이와 초이가 수를 말하고 있습니다. □ 안에 알맞은 수를 써넣으시오.

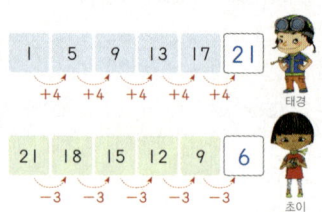

[통 안의 공]

2 1에서 15까지 적힌 공이 통 아래로 내려와서 일정한 규칙에 따라 색깔별로 나누어 들어갔습니다. ㉠, ㉡, ㉢, ㉣에 알맞은 수를 구하시오.

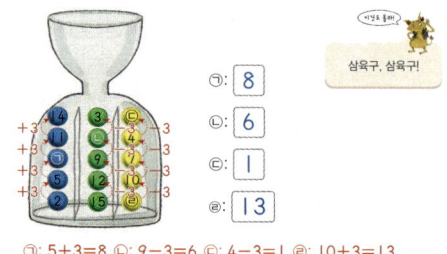

삼육구, 삼육구!

㉠: 8
㉡: 6
㉢: 1
㉣: 13

㉠: 5+3=8, ㉡: 9−3=6, ㉢: 4−3=1, ㉣: 10+3=13

8 색이 서로 바뀌는 규칙

한입 요괴와 거꾸로 요괴가 마법의 문양을 그립니다.

마법의 문양은 흰색 ◯ 모양에 검은색 별 ★을 안에 그리면 돼.

난 거꾸로 요괴~ 흰색은 검은색으로 검은색은 흰색으로 바꾸어 그릴 거야.

한입 요괴   거꾸로 요괴

서로 반대로 바꾸어 그리는 것을 **반전**이라고 합니다. 흰색 종이에 검은색 글자를 반전하면 검은색 종이에 흰색 글자가 됩니다.

노크 반전 노크

반대로 검은색 종이에 흰색 글자를 반전하면 흰색 종이에 검은색 글자가 됩니다.

다음 그림의 색을 반전하여 색칠해 보시오.

바로 앞의 모양과 색을 반전한 모양이 반복되도록 색칠해 보시오.

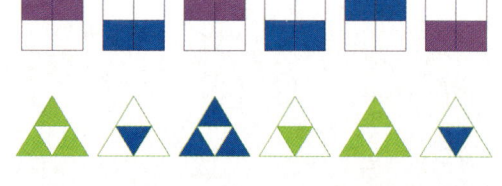

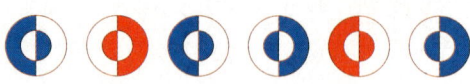

포인트

원래의 모양과 색을 반전한 모양이 반복되는 것을 **반전패턴**이라고 합니다.

원래의 모양   반전 모양

정답 및 해설 **13**

증감과 반전

7 늘어나거나 줄어드는 규칙

초이네 가족은 아침 식사 때마다 한 사람이 달걀 1개와 우유 1팩씩을 먹습니다.
초이는 며칠 동안 달걀과 빈 우유 팩의 수를 관찰했습니다.

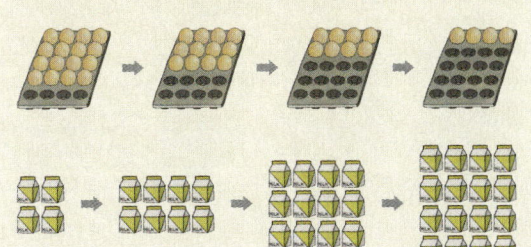

규칙에 맞게 □ 안에 알맞은 수를 써넣으시오.

달걀은 하루에 4 개씩 줄어들고, 빈 우유 팩은 하루에 4 개씩 늘어납니다.

초이네 가족은 모두 몇 명입니까? 4명

ⓐ 모양의 수에서 규칙을 찾아 □ 안에 알맞은 수를 써넣으시오.

    ➡ 2 개씩 늘어나는 규칙입니다.

 ➡ 1 개씩 줄어드는 규칙입니다.

ⓑ 딸기가 접시에 놓인 규칙을 찾아 빈 접시에 딸기의 수만큼 ○를 그려 넣으시오.

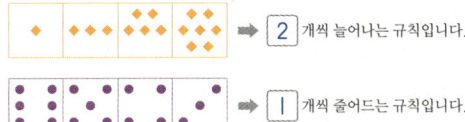

노크 포인트

모양이 일정하게 몇 개씩 늘어나거나 줄어드는 규칙을 이용하여 모양의 개수를 구할 수 있습니다.

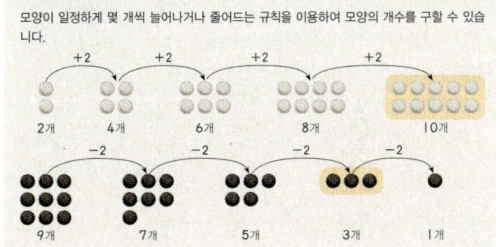

사탕 나눠 갖기

지오와 아인이는 다음과 같은 규칙으로 사탕을 번갈아 가며 나누려고 합니다. 지오와 아인이가 다음 차례에 가져가는 사탕을 알아봅시다.

❶ 지오와 아인이가 번갈아 가며 가져간 사탕의 수를 차례로 쓴 것입니다. 규칙을 찾아 □ 안에 알맞은 수를 써넣으시오.

1 - 3 - 5 - 7 - 9

❷ 다음 차례에 지오와 아인이가 가져간 사탕의 수는 각각 몇 개입니까?

지오: 9 개   아인: 7 개

❸ 지오가 가져가는 사탕은 ○표, 아인이가 가져가는 사탕은 △표 하시오.

[빈 주머니 채우기]

1 규칙을 찾아 마지막 주머니에 알맞은 모양을 그려 넣으시오.

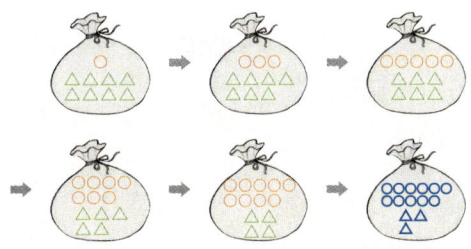

○는 2개씩 늘어나고, △는 1개씩 줄어드는 규칙입니다.

[색칠한 칸의 규칙]

2 규칙에 맞게 마지막 모양을 색칠하시오.

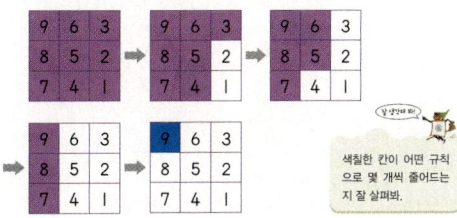

색칠한 칸이 어떤 규칙으로 몇 개씩 줄어드는지 잘 살펴봐.

1, 2부터 순서대로 2칸씩 색칠하지 않은 칸으로 바뀌는 규칙입니다.

48 · 49

출입증의 모양

초이네 반 교실은 출입증이 있어야 들어올 수 있습니다. 다음은 출입증과 출입증이 아닌 것의 모양입니다. 출입증의 조건을 찾아 봅시다.

  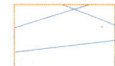

❶ 출입증 모양의 공통된 특징을 써 보시오.
네 개의 곧은 선으로 되어 있습니다.

말풍선: 선의 개수와 모양을 살펴봐야 해.

초이

❷ 다음 모양에서 출입증인 것에 ○표 하시오.

48 A6 규칙

[종류가 다른 모양]

1 다음 중 종류가 다른 모양 하나를 찾아 기호를 쓰시오. **나**

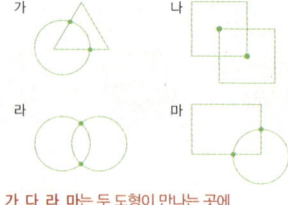

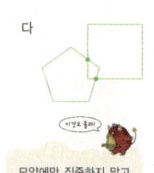
모양에만 집중하지 말고 모양에 있는 점도 잘 살펴봐!

가, 다, 라, 마는 두 도형이 만나는 곳에 점이 있습니다.

[코코 찾기]

2 코코와 코코가 아닌 것의 특징을 찾아 다음 모양에서 코코는 모두 몇 개인지 구하시오. **3개**

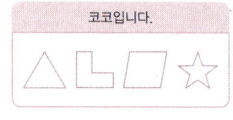 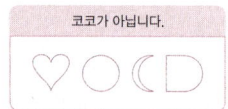

코코는 곧은 선으로만 이루어진 모양입니다.

Chapter 2 유비추론 49

창의적 문제해결력

1 왼쪽의 관계와 가장 비슷한 관계인 것의 기호를 쓰시오. **다**

**붕어-빵과 같이 빵의 모양과 관련된 이름을 가진 빵은 국화-빵입니다.
가, 나, 라는 빵을 만든 재료와 관계가 있습니다.**

2 규칙을 찾아 빈 곳에 알맞은 그림을 그리시오.

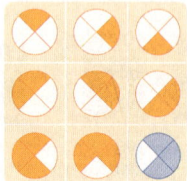

**가로는 시계 방향으로 회전하는 관계이고,
세로는 색칠된 칸이 시계 반대 방향으로 한 칸씩 늘어나는 관계입니다.**

50 A6 규칙

📍 동영상 특강
QR 코드를 찍어 보세요!!

3 바둑돌이 나머지와 다른 규칙으로 놓인 것의 기호를 쓰시오. **마**

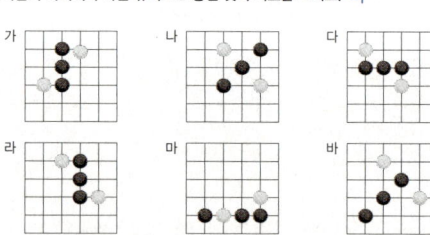

검은색 바둑돌은 3개가 연속하여 한 줄로 놓여 있고, 흰색 바둑돌은 검은색 바둑돌 양쪽에 사선으로 놓여 있습니다.

4 다음 숫자, 한글, 알파벳 중에서 각각 한 개씩을 빼고 모두 통통이입니다. 통통이가 아닌 것을 골라 ○표 하시오.

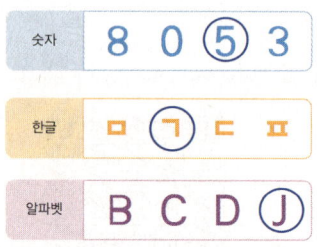

예 위와 아래를 반으로 접었을 때 겹쳐지는 것들이 통통이입니다.

Chapter 2 유비추론 51

정답 및 해설 **11**

⑥ 이름 약속

초이가 쨍쨍이를 정한 후 쨍쨍이인 것과 쨍쨍이가 아닌 것으로 나누었습니다.

다음 중 쨍쨍이인 것을 모두 찾아 ◯표 하시오.

쨍쨍이는 바다와 관련된 것들입니다.

---

❶ 공통점이 없는 단어 하나를 찾아 기호를 쓰시오. ㉢

| ㉠ 눈 | ㉡ 털모자 | ㉢ 크리스마스 |
| ㉣ 해수욕장 | ㉤ 스키장 | |

㉠, ㉡, ㉣, ㉤은 겨울과 관련된 것들입니다.

❷ 다음 물건들을 소소로 부르기로 하였는데 그중에서 1개는 소소가 아닙니다. 소소가 아닌 것을 찾아 ✕표 하시오.

소소는 글씨를 쓰거나 그림을 그릴 수 있는 것입니다.

토크 포인트

단어나 사물들을 보고 공통적인 특징을 찾아낼 수 있습니다.

| 라면, 짜장면, 짬뽕, 스파게티, 냉면 | ➡ 모두 면으로 만든 음식입니다. |

단어, 숫자, 모양 등을 특징이 같은 것끼리 묶어서 새로운 이름을 붙이기로 약속할 수 있습니다.

| | 쿠쿠입니다. | 쿠쿠가 아닙니다. |

➡ 쿠쿠는 네 발로 다니는 동물입니다.

수 약속 게임

지오와 태경이의 대화를 보고 붕붕이는 어떤 수인지 알아봅시다.

34는 붕붕이야?	응.
44는 붕붕이야?	아니.
16은 붕붕이야?	응.
71은 붕붕이야?	아니.
52는 붕붕이야?	응.
61은 붕붕이야?	응.

붕붕이는 행운의 수 7과 관련이 있구.

❶ 붕붕이인 수들의 특징을 쓰시오.
십의 자리 숫자와 일의 자리 숫자를 더하면 7이 됩니다.

❷ 다음 수가 붕붕이면 ◯표, 붕붕이가 아니면 ✕표를 하시오.

25 : ◯   48 : ✕   54 : ✕

[로로와 하하]

1 수를 로로와 하하로 나누었습니다. 나누어진 기준을 찾아 수가 로로이면 '로'를, 하하이면 '하'를 써넣으시오.

| 우리들은 로로야. | 우리들은 하하야. |
| 16 2 6 22   8 4 10 | 1 9 17   7 29 3 |

37 : 하   26 : 로   41 : 하   14 : 로

로로는 짝수, 하하는 홀수입니다.

[코코가 아닌 수]

2 코코인 수 중에서 하나는 코코가 아니고 코코가 아닌 수 중에서 하나는 코코입니다. 나머지와 다른 수에 각각 ◯표 하시오.

| 코코입니다. |
| 23 78 12 67 (87) 56 |

| 코코가 아닙니다. |
| 98 54 32 (45) 76 43 |

일의 자리 숫자와 십의 자리 숫자의 관계를 살펴봐.

일의 자리 숫자가 십의 자리 숫자보다 1 큰 수가 코코입니다.

10 A6 규칙

수 매트릭스

40
·
41

왼쪽 모양에서 네 수의 관계를 찾아 오른쪽 모양의 빈 곳에 알맞은 수를 구해 봅시다.

❶ 오른쪽 수와 아래쪽 수를 구하는 방법을 써 보시오.

- 오른쪽 수: 왼쪽 수의 일의 자리 숫자와 십의 자리 숫자를
  더합니다.

- 아래쪽 수: 윗쪽에 있는 수에 1을 더합니다.

❷ 빈 곳에 알맞은 수를 써넣으시오.

[수 매트릭스의 관계]

1 가로, 세로의 관계를 표시하였습니다. 빈 곳에 알맞은 수를 써넣으시오.

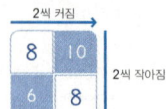

[다른 관계 매트릭스]

2 다음은 각각 다른 관계를 가진 수 모둠입니다. 네 수의 관계를 찾아 빈 곳에 알맞은 수를 써넣으시오.

모양 매트릭스

42
·
43

모양의 관계를 찾아 빈 곳을 완성해 봅시다.

❶ 왼쪽 모둠의 가로와 세로의 관계를 나타낸 것을 찾아 기호를 쓰시오.

- ㉠ 모양을 색칠합니다.
- ㉡ 모양의 크기가 작아집니다.
- ㉢ 모양이 1개 더 늘어납니다.
- ㉣ 모양이 2개 더 늘어납니다.

가로의 관계: ㉠

세로의 관계: ㉣

❷ 오른쪽 모둠의 빈 곳에 알맞은 모양을 그려 넣으시오.

❸ 위 모양의 관계에 맞게 빈 곳에 알맞은 모양을 그리시오.

[모양 매트릭스 그리기]

1 모양의 관계를 찾아 빈 곳에 알맞은 모양을 그리시오.

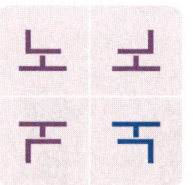

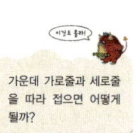

가로는 왼쪽과 오른쪽이 뒤집힌 관계이고, 세로는 위와 아래가 뒤집힌 관계입니다.

[같은 관계로 색칠하기]

2 왼쪽과 똑같은 관계가 되도록 오른쪽 그림을 완성하시오.

가로는 왼쪽과 오른쪽이 뒤집힌 관계이고, 세로는 칠한 곳이 서로 바뀌어진 관계입니다.

🐻 신기한 마술상자

장난 요괴의 마술 상자에 어떤 모양이 들어가면 모양이 바뀌어져 나옵니다.

나의 마술 상자에 들어가면 어떤 규칙에 맞게 모양이 바뀌어져 나와.

❶ 들어간 모양과 나온 모양은 어떤 관계가 있습니까?

들어간 모양의 위쪽이 아래로 접혀서 나옵니다.

❷ 다음 모양을 같은 마술 상자에 넣으면 어떤 모양이 나오는지 그려 보시오.

[관계가 같은 두 모양]

1 관계가 있는 모양끼리 짝지은 것입니다. 관계가 서로 같은 두 카드의 기호를 ☐ 안에 쓰시오.

가   나

다   라

가 라
다 나

가와 라는 왼쪽 모양의 크기를 줄인 것이 오른쪽 모양입니다.
나와 다는 왼쪽 모양의 크기를 줄이고, 색깔을 반전한 것이 오른쪽 모양입니다.

[새로운 마술 상자]

2 새로운 마술 상자에서 나오는 모양을 보고, 각 모양이 마술 상자에 들어갔다가 나오는 모양에 맞게 색칠하여 보시오.

---

⑤ 매트릭스 유비추론

할아버지와 할머니의 관계는 아버지와 어머니의 관계와 같습니다.

할아버지와 할머니 ⬌ 아버지와 어머니

그런데 할아버지와 아버지의 관계는 할머니와 어머니의 관계와 같습니다.

할아버지와 아버지 ⬌ 할머니와 어머니

표를 이용하여 두 가지의 관계를 한 번에 가로, 세로로 나타낼 수 있습니다.

할아버지	아버지
할머니	어머니

가로, 세로의 관계를 찾아 빈 곳에 알맞은 단어를 쓰시오.

손	장갑
발	양말

해	달
낮	밤

---

① 가로, 세로의 관계를 찾아 빈 곳에 들어가는 그림에 ◯표 하시오.

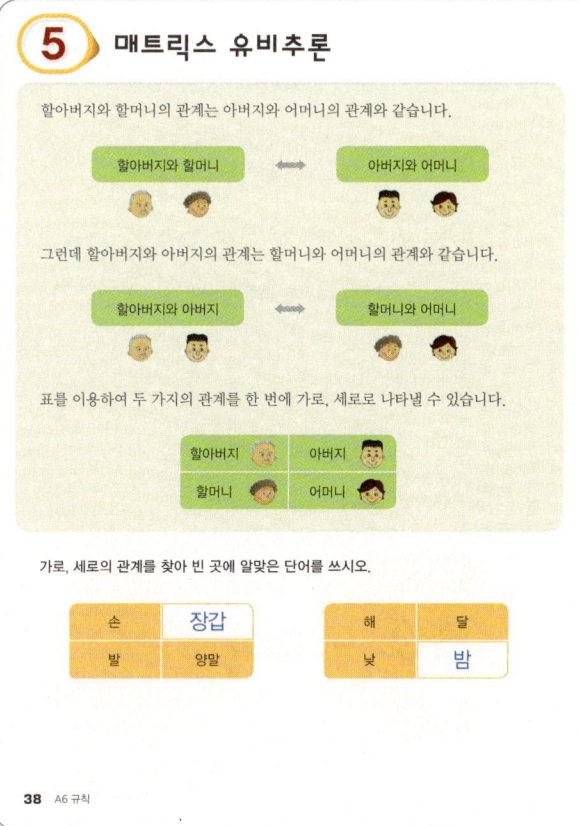

② 가로, 세로의 관계를 찾아 빈 곳에 알맞은 단어를 쓰시오.

비행기	배
하늘	바다

또는

비행기	하늘
배	바다

축구공	야구공
축구	야구

또는

야구	야구공
축구	축구공

🧙 노크 포인트

가로 또는 세로 방향의 두 사물이나 단어끼리 같은 관계가 되도록 표에 채워 넣는 것을 **매트릭스 유비추론**이라고 합니다.

소금	짠맛
설탕	단맛

소금 : 짠맛 ⬌ 설탕 : 단맛

소금 : 설탕 ⬌ 짠맛 : 단맛

단어와 마찬가지로 숫자, 모양으로도 매트릭스 유비추론을 할 수 있습니다.

4 관계 유비추론

32
·
33

아인이와 지오는 그림 카드를 관계가 서로 같은 것끼리 2장씩 짝지어 보려고 합니다.

기차는 기찻길 위를 달리고 자동차는 도로 위를 달려.

아인

병아리는 자라서 닭이 되고 올챙이는 자라서 개구리가 돼.

초이

관계가 서로 같은 두 카드의 기호를 ☐ 안에 써넣으시오.

가 — 라   나 — 바   다 — 마

그림을 보고 ☐ 안에 알맞은 단어를 써넣으시오.

경찰관 아저씨는 경찰차를 타고 다닙니다.

소방관 아저씨는 소방차 를 타고 다닙니다.

왼쪽의 관계를 보고 오른쪽 빈 곳에 알맞은 단어를 쓰시오.

| 개 | 강아지 | ⇔ | 소 | 송아지 |

| 옷 | 옷장 | ⇔ | 책 | 책장 |

토크 포인트

사물의 관계를 통해 같은 관계인 사물을 찾아내는 것을 유비추론이라고 합니다.

수 유비추론

23 : 32 ⇔ 14 : 41
일의 자리와 십의 자리를 바꾼 수

단어 유비추론

하늘 : 비행기 ⇔ 바다 : 배
장소와 타는 것

모양 유비추론

전체 모양과 반쪽 모양

수의 관계 찾기

34
·
35

두 수의 관계를 찾고 같은 관계에 있는 수를 알아봅시다.

❶ 다음 두 수의 관계를 찾아 설명하시오.

| 15 | 6 | | 35 | 8 |
| 22 | 4 | | 37 | 10 |

난 수만 보면 덧셈이 생각나. 1+5=6, 3+5=8

왼쪽 수의 십의 자리 숫자와 일의 자리 숫자의 합이 오른쪽 수입니다.

❷ ❶에서 발견한 관계와 같은 관계인 두 수에 ◯표 하시오.

| 26 | 12 | | 5 | 23 | | 12 | 3 | | 64 | 2 |

다음 두 수의 관계와 같은 관계인 것의 기호를 쓰시오. 가

| 54 | 1 | | 81 | 7 |
| 17 | 6 | | 75 | 2 |

나는 뺄셈이 좋은데…….

가 | 64 | 2 | 나 | 14 | 4 | 다 | 26 | 8 |

왼쪽 수의 십의 자리 숫자와 일의 자리 숫자의 차가 오른쪽 수입니다.

[관련 있는 두 수]

1 서로 관련 있는 것끼리 선으로 이으시오.

40과 50	두 수의 일의 자리와 십의 자리가 서로 바뀌어 있습니다.	78과 87
11과 77	두 수의 차가 10입니다.	55와 33
26과 62	두 수의 합이 88입니다.	65와 75

[두 수의 관계]

2 두 수의 관계가 같도록 ◯ 안에 알맞은 수를 쓰시오.

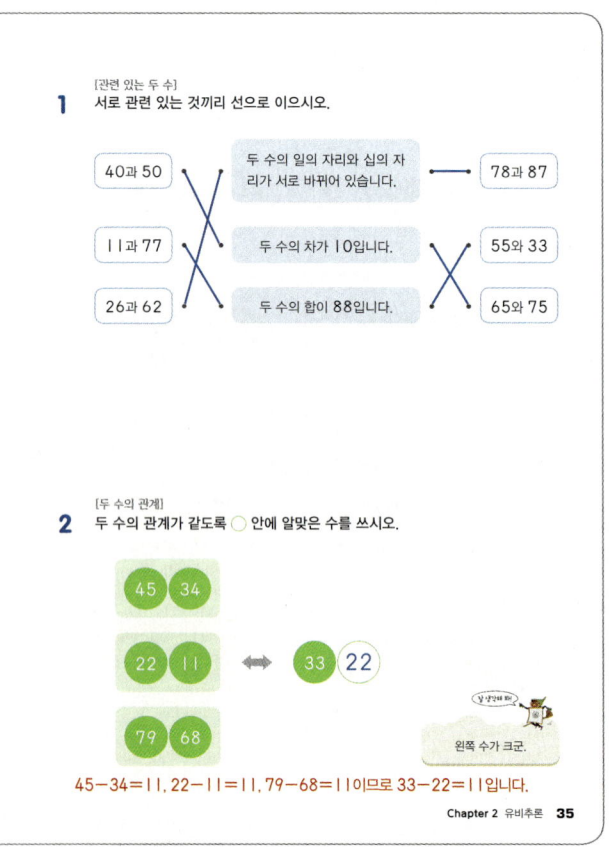

| 45 | 34 |

| 22 | 11 | ⇔ | 33 | 22 |

| 79 | 68 |

왼쪽 수가 크군.

45−34=11, 22−11=11, 79−68=11이므로 33−22=11입니다.

암호를 풀어라!

색칠한 칸이 다음과 같은 규칙으로 움직이고 있습니다.

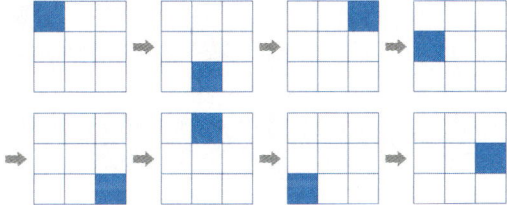

❶ 색칠한 칸이 움직이는 패턴의 규칙을 찾아 □ 안에 알맞은 수를 써넣으시오.

> 색칠한 칸은 시계 반대 방향으로 **3** 칸씩 움직입니다.

시계 반대 방향(🕐)은 시계의 바늘이 움직이는 방향과 반대쪽이지.

❷ 다음과 같은 암호판이 있습니다. 색칠한 칸이 위와 같은 규칙으로 움직일 때, 색칠한 칸의 글자 8개를 연속으로 써서 암호를 풀어 보시오.

빙	턴	회
전		글
빙	글	패

빙글빙글회전패턴

---

1 [두더지 게임]
두더지가 나오는 곳의 규칙을 찾아 마지막에 나오는 곳에 ◯표 하시오.

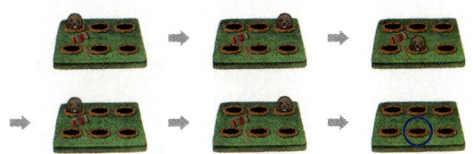

시계 방향으로 2칸씩 움직입니다.

2 [두 칸 색칠하기]
규칙을 찾아 마지막 모양을 완성하시오.

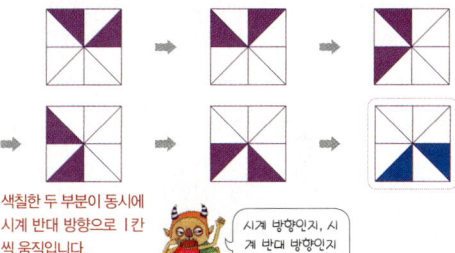

색칠한 두 부분이 동시에 시계 반대 방향으로 1칸씩 움직입니다.

시계 방향인지, 시계 반대 방향인지 그것이 문제로다.

창의적 문제해결력

1 규칙에 맞게 켜지고 꺼지는 전구 중에서 고장난 것이 하나 있습니다. 고장난 전구를 찾아 기호를 쓰시오. **다**

켜지지 않은 전구 사이에 전구 3개가 켜져 있는 규칙입니다.

2 태경이는 ✊-✌️-🖐 순서를 되풀이하여 내고, 초이는 🖐-✌️ 순서를 되풀이하여 냅니다. 다섯 번째 가위바위보는 누가 이깁니까? **초이**

태경　　초이

태경: 가위-바위-보-가위-⟮바위⟯
초이: 보 -가위-보-가위-⟮보⟯

📍 동영상 특강
QR 코드를 찍어 보세요!

3 붕어빵 틀을 한 번에 일정하게 돌리면서 집게가 있는 칸의 붕어빵을 뒤집습니다. 처음 위치에서 몇 번 돌려야 7번 칸의 붕어빵을 뒤집을 수 있습니까? **5번**

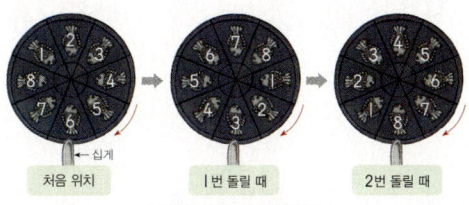

집게 → | 처음 위치 | 1번 돌릴 때 | 2번 돌릴 때

시계 방향으로 3칸씩 돌립니다.
6 - 3 - 8 - 5 - 2 - 7
　1번 2번 3번 4번 5번

4 규칙을 찾아 색칠한 칸에 들어가는 모양 2개를 그리시오.

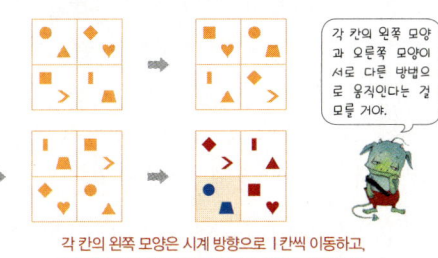

각 칸의 왼쪽 모양과 오른쪽 모양이 서로 다른 방법으로 움직인다는 걸 모를 거야.

각 칸의 왼쪽 모양은 시계 방향으로 1칸씩 이동하고, 오른쪽 모양은 시계 반대 방향으로 1칸씩 이동합니다.

③ 회전 규칙

초이 어머니는 집 현관에 새로운 도어록을 설치하고 집을 나섭니다.

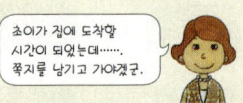

초이가 집에 도착할 시간이 되었는데…… 쪽지를 남기고 가야겠군.

도어록 비밀 번호는 7개 숫자야. 아래와 같이 숫자 6개를 차례로 누른 다음 마지막 7번째 숫자는 규칙을 찾아서 누르면 돼.

초이가 눌러야 할 마지막 7번째 숫자를 색칠하시오.

🟢 규칙을 찾아 빈 곳에 알맞게 색칠하거나 그려 넣으시오.

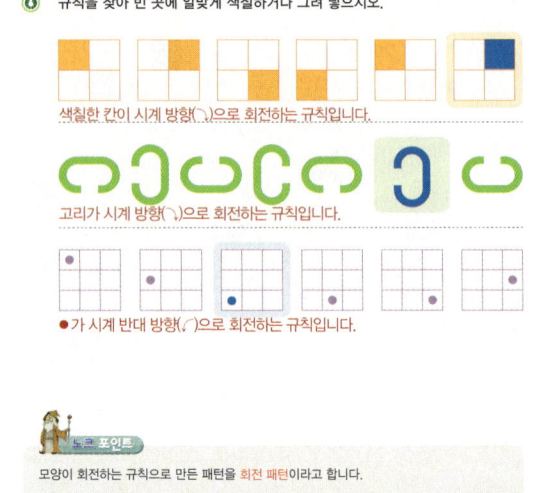

색칠한 칸이 시계 방향(↻)으로 회전하는 규칙입니다.

고리가 시계 방향(↻)으로 회전하는 규칙입니다.

●가 시계 반대 방향(↺)으로 회전하는 규칙입니다.

노크포인트

모양이 회전하는 규칙으로 만든 패턴을 회전 패턴이라고 합니다.

색칠한 칸이 시계 방향(↻)으로 2칸 움직입니다.

★ 모양이 시계 반대 방향(↺)으로 1칸 움직입니다.

🐛 숫자로 알아낸 위치

패턴의 규칙을 찾아 마지막 모양에 알맞게 색칠해 봅시다.

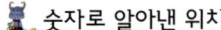

2가지 색깔이 빙글빙글 도니까 규칙을 못 찾겠어. 태경

칸에다 숫자를 써넣으면 규칙이 쉽게 보일 거야. 아인

❶ 파란색과 빨간색 칸의 숫자를 차례대로 써 보시오.

파란색 칸: 1 3 5 1 3

빨간색 칸: 4 2 6 4 2

이제 규칙이 보여.

❷ 마지막 모양은 파란색과 빨간색을 각각 몇 번에 색칠해야 합니까?

파란색: 5 번   빨간색: 6 번

❸ 패턴에 맞게 마지막 모양에 색칠하시오.

[알람이 울리는 시각]

1 다음 시각마다 시계의 알람이 울립니다. 마지막 시계의 알람이 울리는 시각을 그리시오.

11시부터 3시간마다 알람이 울립니다.

[행성의 위치]

2 어느 행성이 별 주위를 도는 위치를 한 달마다 나타낸 것입니다. 11월에 행성이 있는 위치와 같은 달을 찾아보시오. 3월

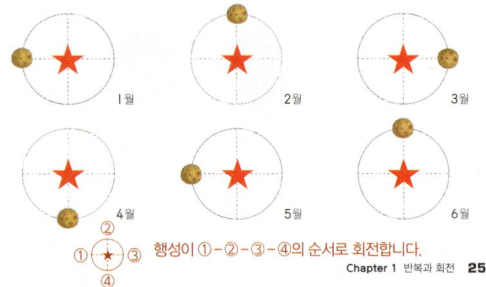

행성이 ①-②-③-④의 순서로 회전합니다.

정답 및 해설 **5**

🐷 바둑돌 놓기

지오, 태경, 초이가 흰색 바둑돌 2개와 검은색 바둑돌 1개를 패턴의 마디로 하여 여러 가지 패턴을 만듭니다.

내 패턴의 마디는 ●○○○야.

나는 패턴의 마디를 ○○●○로 만들었어.

❶ 다음은 지오가 만든 패턴입니다. 패턴에 맞게 이어서 바둑돌 5개를 그리시오.

마디

❷ 다음은 태경이가 만든 패턴입니다. 패턴에 맞게 중간에 들어갈 바둑돌 5개를 그리시오.

마디

❸ 초이는 지오와 태경이가 만든 패턴과는 다른 패턴을 만들었습니다. 검은색 바둑돌인 것을 더 찾은 다음 모두 색칠하여 초이의 패턴을 완성하시오.

마디

그럼 나는 지오, 태경이와 다르게 만들어야 하는데……

초이

---

1 패턴에 맞게 빈 곳에 들어갈 것을 찾아 기호를 쓰시오. 다

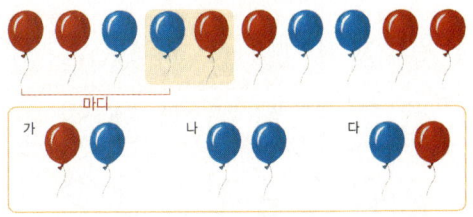

마디

가   나   다

2 [개구리의 표정]
패턴에 맞게 마지막 개구리의 눈을 그리시오.

마디

너무 쉽잖아. 딱 봐도 일정한 패턴이 있네!
⊝⊝ = ⊝⊝ = ①① ⊙

🐔 이상한 양계장

패턴에 맞게 길을 따라가야만 들어갈 수 있는 양계장이 있습니다.

출발

도착

닭이 달걀을 낳고 달걀에서 병아리가 나오면 커서 다시 닭이 되지.

❶ 주인 아저씨가 말하는 순서에 맞게 출발점에서 도착점까지 가는 길을 가로, 세로 방향으로 이어 보시오.

❷ 양계장을 나오려면 아래의 미로를 한 번 더 풀어야 합니다. 미로를 해결해 보시오.

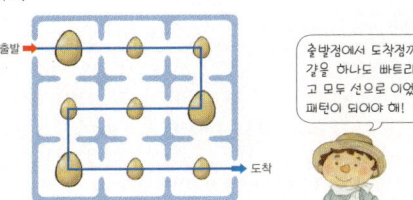

출발

도착

출발점에서 도착점까지 달걀을 하나도 빠트리지 않고 모두 선으로 이었을 때, 패턴이 되어야 해!

---

1 [강아지 집 찾기]
왼쪽의 뼈다귀 순서를 패턴의 마디로 하여 강아지가 집까지 가는 패턴을 선으로 이으시오.

패턴의 마디

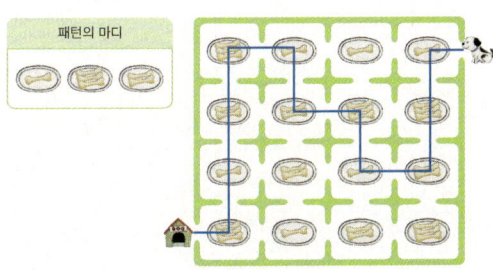

2 [패턴 미로의 마디]
출발점에서 도착점까지 가장 빠른 방법으로 미로를 통과하는 길을 그리시오. 이때, 선을 따라 가면 나오는 패턴의 마디를 그려 보시오.

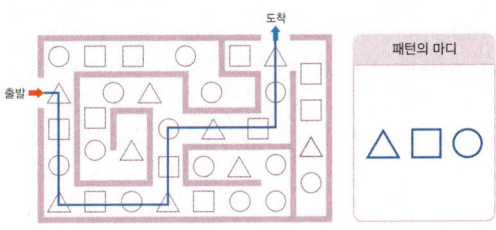

출발

도착

패턴의 마디

△□○

---

4   A6 규칙

🌱 잘못 놓인 화분

화분 가게에서 선반의 층마다 화분들을 여러 가지 규칙을 정하여 진열해 놓았습니다.

❶ 위 선반의 각 층마다 화분을 **9**개씩 놓을 수 있다고 할 때, 오른쪽 화분은 몇 층 선반의 맨 오른쪽에 놓아야 합니까? **1층**

❷ 아래 선반에서 화분이 팔린 자리에 규칙에 맞지 않은 모양의 화분을 놓았습니다. 새로 놓은 화분에 ◯표 하시오.

> 화분이 팔린 자리에 다른 화분을 놓았는데 어느 자리였지?

[잘못된 동작 찾기]

1 태경이네 모둠의 학생 **7**명이 일정한 규칙에 맞게 동작을 한 것입니다. 잘못된 동작을 한 학생의 이름을 쓰시오. **지오**

[잘못된 패턴 찾기]

2 마트에서 칸 모양이 패턴으로 되어 있는 두루마리 휴지를 샀습니다. 패턴이 잘못된 휴지의 기호를 쓰시오. **나**

나 두루마리 휴지는 패턴이 잘못되어 있습니다.

> 패턴이 잘못된 두루마리 휴지가 안 보여?

---

② 반복되는 마디

아인이 방의 한쪽 벽에는 ▲, ■, ● 모양의 벽지가 붙여져 있습니다. 아인이는 규칙을 찾기 위해 선을 그어서 모양이 반복되는 마디를 찾았습니다.

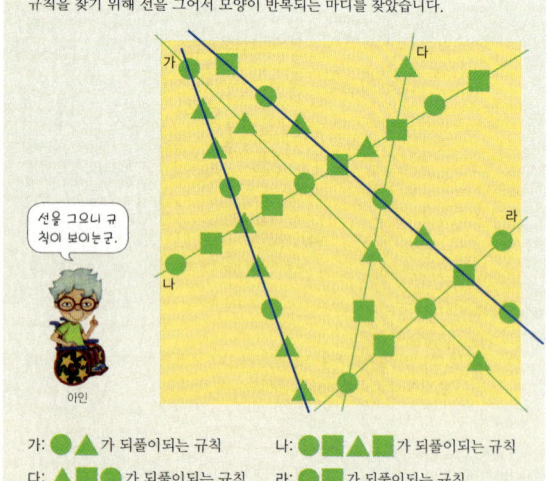

> 선을 그으니 규칙이 보이는군.

아인

가: ●▲가 되풀이되는 규칙   나: ●■▲▲가 되풀이되는 규칙
다: ▲■●가 되풀이되는 규칙   라: ●■가 되풀이되는 규칙

아인이가 찾은 규칙 외에 다른 규칙 2가지를 찾아 선으로 연결하고, 마디의 모양을 그리시오.

---

❶ 규칙을 찾아 빈 곳에 알맞은 모양을 그리시오.

❷ 패턴의 마디를 찾아 모두 ◯로 묶으시오.

🐿 **링크 포인트**

패턴은 그림이나 물건 등을 규칙적으로 나열하기도 하지만 모양이나 색깔, 개수 등을 이용해서도 나타낼 수 있습니다.

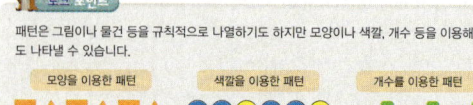

이외에도 크기, 무늬, 위치 등으로 패턴을 만들 수 있습니다.

정답 및 해설 **3**

① 반복되는 규칙

초이는 아빠와 함께 놀이공원에 갔습니다. 놀이공원에는 장난감 총으로 인형을 맞히는 곳이 있습니다.

반복되는 부분

반복되는 부분

10냔 쐈는데 2개만 맞혔어.

아빠가 맞힌 인형이 뭐지?

바닥에 떨어진 인형을 찾아서 ◯표 하시오.

🚩 보기와 같이 되풀이되는 부분을 ◯로 모두 묶어 보시오.

보기

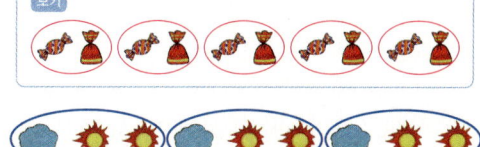

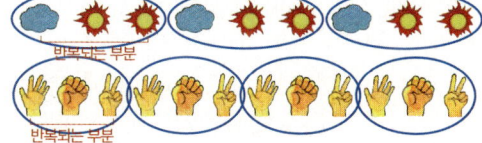

반복되는 부분

반복되는 부분

포코 포인트

규칙을 정하여 순서대로 늘어놓고, 이것을 되풀이하여 나타낸 것을 **패턴**이라고 하고, 되풀이되는 부분을 **패턴의 마디**라고 합니다.

마디   마디   마디   마디   마디   마디

다음에서 패턴의 마디가 축구공, 농구공, 배구공이므로 빈 곳에는 배구공이 들어가야 합니다.

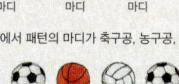   

마디   마디   마디

🐸 개구리가 앉은 규칙

개구리들이 규칙을 정하여 돌 위에 앉았습니다. 규칙을 찾아 왕눈이가 어느 돌 위에 앉아야 할지 알아봅시다.

왕눈아 너도 빨리 와서 돌 위에 앉아.

어느 돌 위에 앉아야 하지?

왕눈이

1, 2, 3, 4의 돌 중에서 왕눈이가 앉아야 하는 돌의 번호를 쓰시오. 3

[마디의 개수]

1 되풀이되는 부분을 마디라고 합니다. 마디의 개수가 다른 하나의 기호를 쓰시오. 다

[패턴 잇기]

2 각각의 패턴의 오른쪽 끝에 연결할 수 있는 것끼리 알맞게 선으로 이으시오.

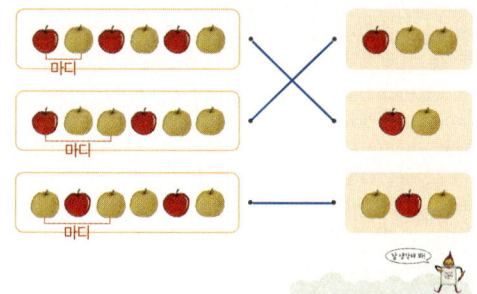

패턴의 마디만 찾으면 오른쪽 끝에 오는 과일의 순서를 쉽게 알 수 있어.

정답 및 해설

누구나
쉽고 재미있게

사고력 수학

노크

A6
(8~9세)

규칙

누구나 쉽고 재미있게
사고력
수학

정답및 해설

규칙

A6
(8~9세)

누구나 쉽고 재미있게

사고력 수학

노크

천재교육